行政办公实务

从入门到精通

陈　斯◎著

中国铁道出版社有限公司
CHINA RAILWAY PUBLISHING HOUSE CO., LTD.

图书在版编目（CIP）数据

行政办公实务从入门到精通 / 陈斯著. — 北京：
中国铁道出版社有限公司，2023.7
ISBN 978-7-113-29991-0

Ⅰ. ①行… Ⅱ. ①陈… Ⅲ. ①企业管理–行政管理
Ⅳ. ①F272.9

中国国家版本馆CIP数据核字（2023）第032757号

书　　名：行政办公实务从入门到精通
作　　者：陈　斯

责任编辑：吕　芟　**编辑部电话：**（010）51873035　**电子邮箱：**181729035@qq.com
封面设计：宿　萌
责任校对：刘　畅
责任印制：赵星辰

出版发行：中国铁道出版社有限公司（100054，北京市西城区右安门西街8号）
网　　址：http://www.tdpress.com
印　　刷：河北宝昌佳彩印刷有限公司
版　　次：2023年7月第1版　2023年7月第1次印刷
开　　本：710 mm × 1 000 mm 1/16　**印张：**11　**字数：**123千
书　　号：ISBN 978-7-113-29991-0
定　　价：69.00元

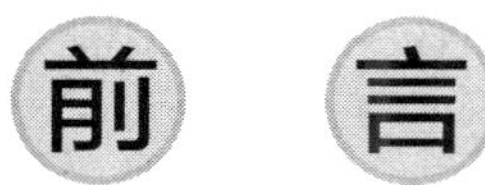

前言

行政管理是企业的中枢神经系统，一个企业想要做大、做强，就必须建立高效的行政办公管理体系，才能最大限度地发挥企业的人力、物力和财力优势。

我在央企、上市公司及民营企业从事行政管理工作已经十几年，先后任职公司领导秘书、总经理助理、综合办公室及行政中心的行政管理岗，写这本书的原因也是想对这些年的从业经验做一次总结与分享。我将行政工作中最常用、最实用的制度、流程、表单及要点进行了系统性总结，涵盖会务文秘、印信管理、工商管理、档案管理、资产管理、后勤管理及对外关系协调（简称“外协管理”）七大行政管理模块；同时，梳理归纳了行政管理人员日常工作中所使用的管理工具、思路及模板，有针对性地介绍行政管理工作中经常使用到的公文及写作范例，以便让读者对行政管理工作有清晰、全面及具体化的了解。

做行政工作这么长时间，我时常在思考一个问题，行政管理工作对企业的价值是什么？也许行政工作不像业务部门、财务部门对企业经营的影响立竿见影，但是行政工作却是企业经营中不可或缺的一个环节，打个不恰当的比喻，行政部门就好像身边的空气，存在时很难察觉到其重要性，一旦缺乏顺畅的行政管理，那么企业生存就会出现困难。

那么，行政管理工作对于企业的价值表现在哪些方面呢？可以用八个字来概括："内联外合，上传下达"。

首先，内联外合。

行政部门作为企业对外商务交往的对接部门，需要做好企业对外方方面面的工作，如对外文件的收发、对外公文的拟草、外来人员的接待、对外宣传的谋划、对外奖项的申报等，甚至企业出现公关危机时，行政部门也是第一个冲在前面去处理的；在做好对外工作的同时，行政部门也要做好企业内部的协调，因为行政部门负责人经常与公司总经理接触，需要参与公司内部很多项目的开展，虽然不是最直接的、参与程度最深的部门，但却是参与面最广的部门。

其次，上传下达。

在企业内部，行政部门作为信息传递的中转枢纽，在日常的文件处理、信息整合的过程中会接收企业方方面面的信息和资讯，要保障企业高层的信息及时、准确地传递到企业的每个层级，也要让更多的声音传达到企业的高层，这就需要行政部门在中间起到良好的沟通协调作用。

本书分为以下三个部分。

第一部分（第 1 章、第 2 章）主要描述了企业行政管理涉及的七大模块内容，介绍了各大行政模块所涉及的制度、流程、表单及要点，并提供了相关常用的表格和模板供读者查询备用。

第二部分（第 3 章）主要介绍了企业行政管理的思维及工具。巴菲特的搭档查理·芒格特别强调思维方式的重要性。本章首先介绍了作为企业行政管理人员需要具备的思维方式，并结合近几年移动互联网及新技术的发展所出现的一些高效行政办公工具，包括文档处理、思路整理、问卷调查、图片编辑等各种工具，帮助读者提高行政工作效率。

第三部分（第 4 章）是本书的一大特色内容，是我结合多年在行政管理岗位撰写文书的经验总结，介绍了行政公文写作的基本思路、案例以及写作技巧，并提供了写好行政公文的意见及建议。

本书具有以下几个特点：

一是时效性强。结合新媒体及移动互联网趋势，介绍多个实用、好用的行政管理工具，让您的行政工作事半功倍。

二是针对性强。内容针对企业的行政管理实务，适用于国有企业、上市公司和民营企业等各种企业类型。

三是实操性强。涵盖日常行政管理中最实用、最接地气的制度、流程、表单及要点，并结合长期公文写作研究，更加深入地阐述了行政公文的写作思路和经验。

《行政办公实务从入门到精通》这本书不仅可以作为在校学生及职场新人了解企业行政管理工作的入门书籍，还可以作为企业中层及基层行政管理人员的案头工具书，书中引用了大量的行政表格、工具，一看就懂，一懂就会，一会就用，常读常新。本书附赠表单文件，请读者扫描目录末页二维码自行下载。

本书由未铭图书工作室策划，感谢黄磊老师在写作过程中详细、清晰的指导。七年前，当我主动放弃稳定的工作时，未曾想到将有机会出版图书。七年来，从国企、上市公司、创业公司再到大型民营企业集团的职场经历，我深知职场人士对于企业的意义就是“创造源源不断的价值”，感谢自己没有放弃，感恩互联网让我有机会接触更大的世界，感恩在这个过程中遇到的前辈及每个公司给予我的平台，让我有机会以一名行政管理人员的身份持续为企业贡献自己的价值。

在此想以自己的亲身经历和所有的行政岗位人员共勉：工作没有高低贵贱之分，行政岗位虽然不是企业的利润来源，却是企业经营不可或缺的一环。不管我们身居何位、身处何处，只要秉承“一米宽，一千米深”的思路，深挖行政管理岗位价值，让自己成为一名专业的行政管理人员，就能打造属于自己的一片天地。

由于本人水平有限，书中难免出现疏漏之处，敬请读者朋友予以批评指正，谢谢！

陈　斯

2023 年 5 月

目 录

扫码下载附赠行政工作常用表单文件

下载网址：http://upload.m.crphdm.com/2023/0512/1683860949148.docx

第 1 章 >>>>>>

企业行政管理制度与流程

1.1　企业行政管理七大模块

一个企业的日常行政事务看似繁杂，实则有章可循，根据笔者的工作经验，行政管理一般可以划分为七大模块，分别是会务文秘、印信管理、工商管理、档案管理、资产管理、后勤管理以及外协管理，如图 1-1 所示。

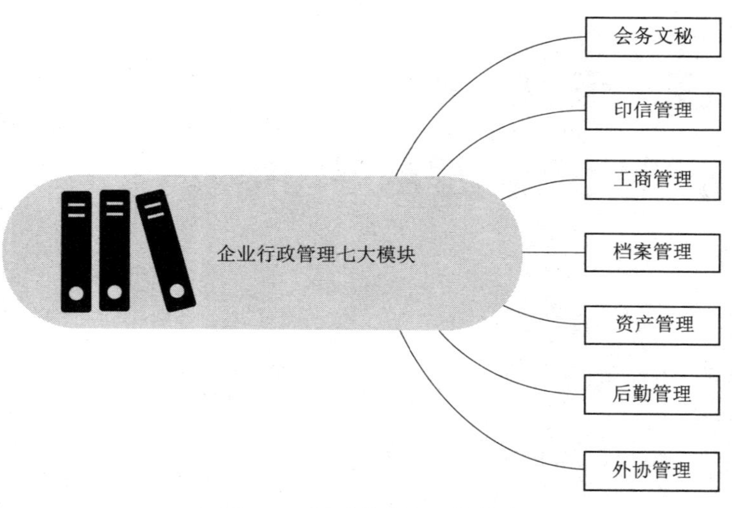

图 1-1　行政管理七大模块

每个模块主要的工作内容如下：

1. 会务文秘：具体包括两个方面，一是企业的会务管理，包括日常会议统筹、会议室管理、会议纪要等，也包括大型活动现场支撑协调；二是文秘工作，主要包括公文收发管理、文件拟办意见综合，重要信息收发，某些企业的行政职能部门还同时负责公司材料撰写以及领导文字秘书的角色。

2. 印信管理：具体包括印章和介绍信的管理和使用，随着介绍信使用逐渐减少，在企业主要指公章、法人章、财务章等具有法律效应的印鉴的日常管理工作，如刻制、销毁、移交工作；也包括企业法人、股东等个人证照资料的保管及借用管理。

3. 工商管理：主要指企业工商事务的资料登记及外部业务、手续办理，如企业的注册、变更及注销登记，根据不同企业的性质，工商管理在行政部门所占的工作比重不一。

4. 档案管理：企业历史档案的收集、归整、借阅管理，企业荣誉台账及实物管理，大事记登记。

5. 资产管理：主要包括三大类，分别为固定资产、不动产（公司名下房产及物业等）及车辆管理。

6. 后勤管理：包括公务车队管理，公务接待，办公环境管理，食堂管理，宿舍管理，会务和差旅服务（会务安排、酒店预订、机票预订等），办公用品采购。

7. 外协管理：主要包括由行政职能部门统一对外对接的外部事务，如公关事务管理、对外接待管理等。

1.2　会务文秘

会务文秘的内容，见图 1–2。

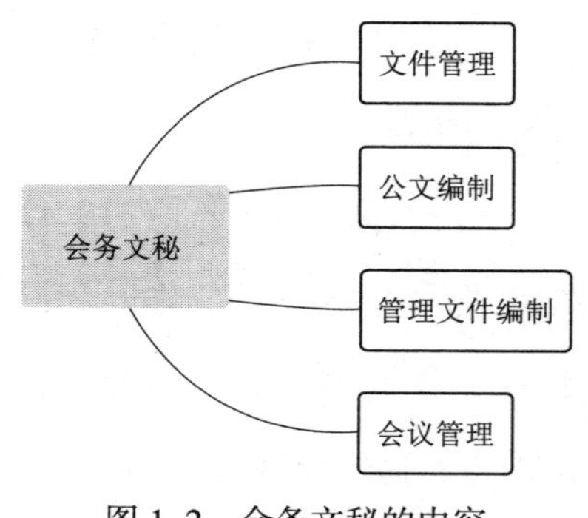

图 1-2 会务文秘的内容

1.2.1 文件管理

行政部门作为企业的“信息中枢”，承担着企业信息中转的重要职责。企业内部，公司决策层的指示要传递到各分（子）公司，各分（子）公司的请示、报告要及时准确地传递到公司决策层。企业外部，行政部门也承担着将公司信息与外部交换的使命。规范、有序的文件处理，将使企业的信息和通知能够更加及时、准确地进行传递。

1. 文件管理原则

文件管理原则，见图 1-3。

①及时性：及时性是企业文件管理最重要的要求，文件处理要及时、高效。

②完整性：企业在日常经营活动中，文件涉及面广、涉及时间长，通常需要设置专人、专岗对文件进行统一收集管理。现代企业

管理中通常有两种方式：一种方式通过 OA 办公自动化系统进行收发文件，适用于规模较大的企业；另一种方式通过传统纸质形式进行文件管理，适用于规模较小的企业。

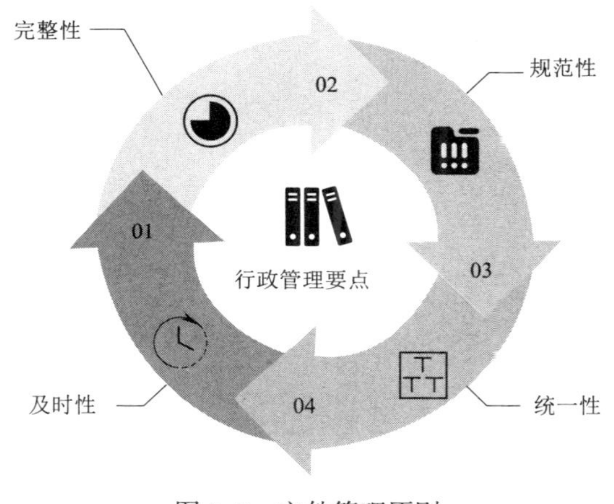

图 1–3　文件管理原则

③规范性：文件管理虽不起眼，但却是企业最基础的工作职责之一。一个规范、有序的企业文件系统，可以让企业的经营思路、经验和方式得以有序传承。

④统一性：同一个企业内部，同样类型的文件，要采用相同的办法办文。

2. 文件的分类

根据文件编制及使用目的不同，公司文件一般分为以下几类：公文类文件、管理类文件、对外往来文件、内部往来文件、部门文件、业务报告文件，见图 1–4。

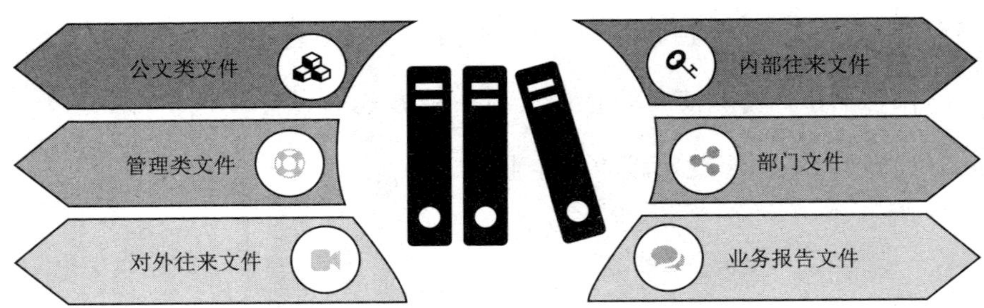

图 1–4　文件的分类

公文类文件，指以公司名义发出的决定、通知、请示、批复、指示、报告、通报、公告、函、会议纪要等文件。

管理类文件，指以公司名义颁发的规章制度、管理办法、管理规范及其他的规范性文件。

对外往来文件，指以公司名义与政府机关、事业单位、相关业务单位的往来文件。

内部往来文件，指公司、各部门、各单位等公司内部单位的相互往来文件。

部门文件，指以部门名义发出的通知、通报、会议纪要、计划总结、请示、报告等。

业务报告文件，根据公司所处不同的行业而定，如审计报告、项目的调研报告、可行性研究报告、工程进展情况、楼盘销售情况、公司财务状况等。

3. 文件的编制和处理

为保证公司文件体系的有效性和延续性，公司各类文件必须按规定的格式和编号方法进行编制。

文件编制格式可参考国家标准《党政机关公文格式》（GB/T 9704—2012），该标准规定了党政机关公文通用的纸张要求、排版和印制装订要求、公文格式各要素的编排规则，并提供了公文的式样。

需要公司领导审阅的文件，一般由行政职能部门负责填写“收文呈批表”，征集相关职能部门、成员单位意见后，综合拟办意见，报送至公司领导审阅批示，行政职能部门按照领导批示，对文件进行拟文批复、传阅、送相关部门单位办理和存档等各项处理，并负责跟踪协调相关事项的处理情况。根据公司实际情况，可采用纸质流程或 OA 系统等线上流程办理。

4. 文件的下发及作废

公司、各部门新编或更改的文件在总经理审批同意后，由行政职能部门下发至各部门及各成员单位。

各部门、各成员单位在收到公司下发的文件后，应由文件管理人员及时打印、保存或更新，并标识清楚相关版本信息，同时应视所下发文件的执行范围下发至各执行单位。

管理类文件更新时，在文件新版本颁发之前，各部门和单位必须严格按照现有文件要求及规范开展工作。文件新版本经审批同意下发并开始生效后，旧版文件自动失效。各部门或各成员单位如有在现场使用的旧版文件，应及时收回并予以销毁处理。

5. 文件的存档

文件的存档的相关内容，见图 1–5。

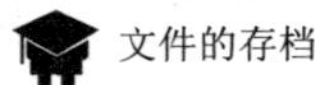

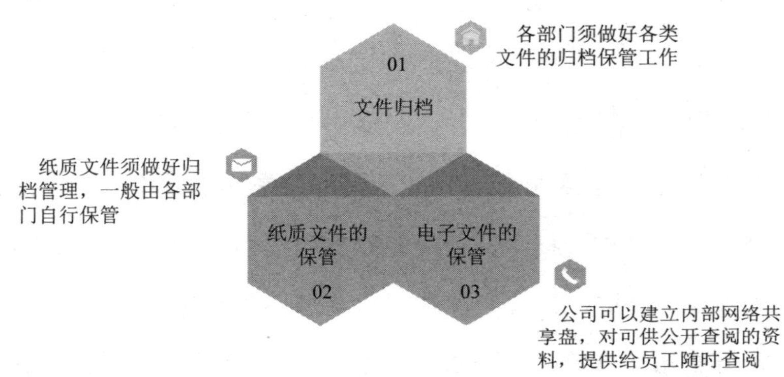

图 1–5　文件的存档

各部门须做好各类文件的归档保管工作。各部门、各单位的文件管理员负责本单位文件资料的储存及管理工作。

纸质文件的保管：纸质文件须做好归档管理，每年定期做好上一年度文件的整理和装订，并采用分级管理的原则，重要文件由公司档案室保管，一般文件由各部门自行保管。对于有多个版本的重要文件，如不同版本号的管理类文件，需要做好历史版本的保存。

电子文件的保管：公司可以建立内部网络共享盘，对可供公开查阅的资料，提供给员工随时查阅；对于重要的电子文档，要按文件类别设立相应的子目录，分类保存各类文件，重要文件须加密并做好备份工作，由文件管理员专职保管。有条件的公司可以建立电子档案管理系统，将文件档案、荣誉图片档案及项目照片档案等以电子文档的形式存储于系统，实现在线查询及下载。

6. 文件的保密

文件的保密，见图 1-6。

文件密级的分级管理

严格保密文件：
- 高层领导办公会议纪要
- 公司经营战略性会议纪要
- 财务收支情况
- 重大事故分析报告
- 重要合同
- 薪金福利制度的内容

……

文件的安全传输

- 公司文件的收发办理应通过OA办公系统或内部电子邮件系统
- 不得使用微信、QQ、即时通等即时通信软件

图 1-6　文件的保密

文件密级的分级管理：对于涉及公司经营管理机密的文件，需要严格保密，如高层领导办公会议纪要、公司经营战略性会议纪要、财务收支情况、重大事故分析报告、重要合同、薪金福利制度等。如需复印以上文件资料或索要相关扫描件，需经公司领导批准。文件的安全传输：为保障文件资料的保密性及可追溯性，公司文件的收发文办理应通过 OA 办公系统或内部电子邮件系统，不得使用微信、QQ、即时通等即时通信软件。有些公司采用 U 盘管理系统，应杜绝员工使用移动存储设备拷贝公司的重要资料。

7. 文件的查阅

非本公司人员不得查阅、借阅公司重要文件。特殊情况需报总经理批准。查阅文件不得带离文件所在办公室，严禁擅自复印或扫描发送给保管员以外的人员。各部门如因工作需要借阅文件，须填写“文件借阅登记表”，经文件保管部门负责人批准后方可借阅。借出的文件由文件管理员负责及时收回并检查完整情况，如发现遗失，需在“文件借阅登记表”中加以注明，追究借出人责任。借出文件如无法当日归还，须做特别说明。一般文件外借时间最长不得超过 7 天。

1.2.2 公文编制

公文，即企业对内对外的公务文书，一个企业公务文书格式和处理程序的规范性，不仅可以提高企业的工作质量和工作效率，而且也代表了一个企业的整体管理水平。行政职能部门作为公文的管理部门和核稿部门，公文编制的能力，是行政岗位人员需要具备的基本能力之一。

1. 公文编制原则

公文编制的要点，见图 1–7。

①内外有别：根据行文对象，对于发送给政府机关等相对正式的文件，可以采用红头文件，对于发送给平行企业的文件，可以使用蓝头文件等公文格式。

②规范性：国有国法，家有家规。公务文书也有其国家标准。目前现行也是最权威的标准就是 2012 年颁布的国家标准《党政机关公文格式》（GB/T 9704—2012）。当然作为企业，与政府职能部门有

所不同，建议是以国家标准结合企业自身的实际情况，找到适合企业自身的公文编制规范。

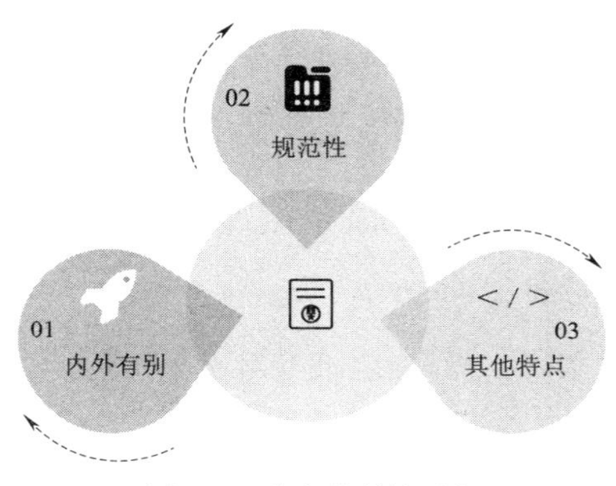

图 1–7 公文编制的要点

③统一性：企业内部公文的编制规范、处理流程要保持一致和统一。

④延续性：企业经营是持续开展的，企业的公文也要遵循一定的规则进行延续，如公文文号要按照一定规则持续编号。

2. 公文编制制度举例

范例

1.1 总则

常用公文文种包括决定、通知、请示、批复、指示、报告、通报、公告、函、会议纪要等。

公文处理是指上述所列各类公文的编制、传递、办理、办毕处置、保管、编号入档等。

1.2 公文结构及格式

公文结构：公文的基本组成元素包括标题、发文字号、正文、附件、编制单位、日期、印章、发文单位署名、主送单位、抄送单位、秘密等级、页码。

发文字号：编号方式由“单位代字〔年度〕序号”组成。

注意：“年度”的括号是六角括号“〔 〕”，不得用方括号“【 】”或者“[]”代替，这是极其不规范的。在Word中要用“插入”—“符号”—“其他符号”方式输入，或是直接用搜索引擎搜索，复制粘贴即可。

以公司名义对外发文时，行政职能部门要对各部门拟发的公文进行清稿、编排文件字号、加盖公章后，方可对外发文。对外重要文件，要统一使用公司的信签纸打印，以显正式。

1.3 公文发文、收文及传阅

公文发文规范：公司应使用统一的“发文呈批表”对拟发布公文进行审批、存档。公文发文按照“文责自负”原则，谁签发、谁负责，对于部门级的发文，由部门负责人审核并签发，对于公司级的发文，由公司负责人审核并签发。

公文收文规范：公司应使用统一的“收文呈批表”对接收到的公文按照一定的流程进行处理、报批。公文收文的流程应分级处理，公司层面收到的公文，由行政职能部门统一收文，拟办收文意见，由公司总经理同意后转由相关部门处理跟进；部门层面收到的公文，由各部门收文、处理。

公文的传阅：采用OA自动化办公系统的公司，按照OA流程由上至下让公文及时传阅到每个人员；采用纸质办公的公司，要采用粘贴告示、发送电子邮件等方式确保有关人员知悉公文精神。特殊情况需要组织传阅的，由行政职能部门组织传阅，传阅应有文件传阅登记表，以保证文件精神传送到相关人员。

1.2.3 管理文件编制

管理文件指用于规范企业内部行为准则、统一行动的指导文件，通常包括制度、指引、管理办法等不同的文体。行政部门主要负责对管理文件实施归口管理、统一管理文件的格式规范，并对管理文件进行统一汇编，以便查阅。

1. 管理文件编制原则

管理文件编制原则，见图 1-8。

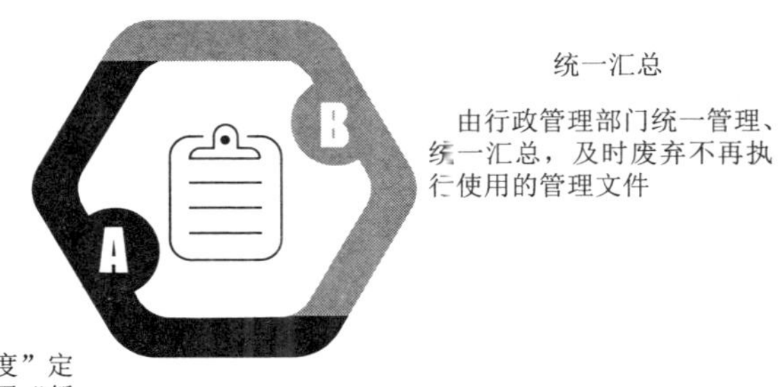

图 1-8 管理文件编制原则

①分层管理：企业内部的管理文件一般实行分级管理，对于最重要的管理文件，可以用“管理制度”加以定义，并使用统一的格

式和模板；对于只是小范围执行的管理文件，则可以使用“暂行管理办法”或是“暂行管理条例”的模式和模板加以规定，通过对管理文件定义不同的名称，实现管理文件的有效管理。

②统一汇总：企业的管理文件，一般应由行政管理部门统一管理、统一汇总，及时废弃不再执行使用的管理文件，保持企业正在执行的制度都能保持最新、最及时。

2. 管理文件制度举例

范例

1.1　管理文件页面及表头设置

管理文件应使用统一的页面及表头设置，表头设置是文件的重要组成部分，元素包括单位名称、管理文件编号、管理文件名称、版本号、编制、更改、审核、批准人的姓名及生效日期。

（单位名称）							编号		
名称							版本		第　页　共　页
编制		更改		审核		批准		生效日期	年　月　日

1.2　管理文件的正文格式

管理类文件的正文格式一般包括目的、范围、职责、方法和过程控制、附则、支持文件等六个部分的内容。

目的：一般用于阐述编制和使用该管理文件的目的。

范围：一般用于阐述本文件的适用范围。

职责：一般用于阐述本文件所列执行部门或个人的职责。

方法和过程控制：一般用于阐述文件的内容、方法和工作程序。

附则：一般用于明晰文件中易混淆的概念及相关说明。

支持文件：一般指与该管理文件相关的其他制度、文中提及的相应支持性表格及文件变更历史等。

1.3　管理文件的编制

如果某管理行为需通过管理文件形式进行规范，但管理文件编制相关规定暂不统一的情况下，管理文件可以“暂行管理办法”的形式进行编制、报批、颁发，暂行管理办法在报批通过后方可执行。

1.4　管理文件的修订

为保证管理文件的严谨性和统一性，管理文件应避免短时间内多次修订，管理文件下发一年内一般不予修订。特殊情况下，如果发现管理文件在执行过程中存在漏洞，或是公司管理层有新的指示精神时，可予以修订。已经实施两年以上的制度，制度管理部门需要根据实际执行情况，结合企业的发展现状进行必要的修订。

管理文件涉及面广、使用人数众多，公司应允许全体员工对正在执行的管理文件提出修订意见或建议，提出修订的动议人需填写管理文件修订申请表，提交至编制制度的部门，如动议修订内容科学合理，则按审批权限报批，在批准后颁发。

管理文件的修订和变更，需保留所有历史版本及变更记录，修订单位应填写“管理文件修订记录”并做好登记。

1.5 管理文件的撤销

以下五种情况，可对管理文件进行撤销，见图 1-9。

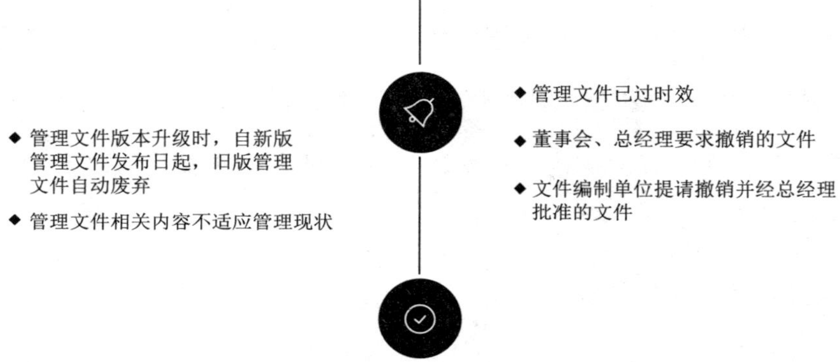

图 1–9 可对管理文件撤销的情形

一是管理文件版本升级时，自新版管理文件发布日起，旧版管理文件自动废弃。

二是管理文件相关内容不适应管理现状。

三是管理文件已过时效。

四是董事会、总经理要求撤销的文件。

五是文件编制单位提请撤销并经总经理批准的文件。

撤销管理文件应有审核报批手续，应由各单位填写管理文件撤销申请表，报公司管理层同意后完成管理文件的撤销。为避免混淆，被撤销的管理文件编号不再另行使用，被撤销的管理文件要作为档案保存备查。

1.6　管理文件的有效管理

管理文件应设置专人对管理文件进行专项管理，使各类各期管理文件处于可控状态。管理文件属于企业内部管理资料，一般不对外交流，同时企业要加强保密管理，通过签署保密协议等方式防止制度等重要文件的外泄。

1.2.4　会议管理

会议管理，狭义指会议室管理，广义指整体会务管理。会议是企业日常经营经常使用到的场景，涉及公司各个部门。做好会议管理是体现行政工作价值的主要内容之一。

1. 会议管理原则

（1）统一归口

会议管理一般由企业行政职能部门统一归口管理，由行政部门设置专人，统一做好会议室预定登记、服务人员协调及相关会务准备工作。

（2）统筹协调

会议室管理一般涉及多个部门，会议需求部门、会议参加列席部门、会议室统筹协调部门。行政职能部门作为会议室管理部门，一般需要在会前做好会场准备（茶水、水果、视频系统、现场物料）及会后的安排工作。

会议管理原则有两条，见图 1–10。

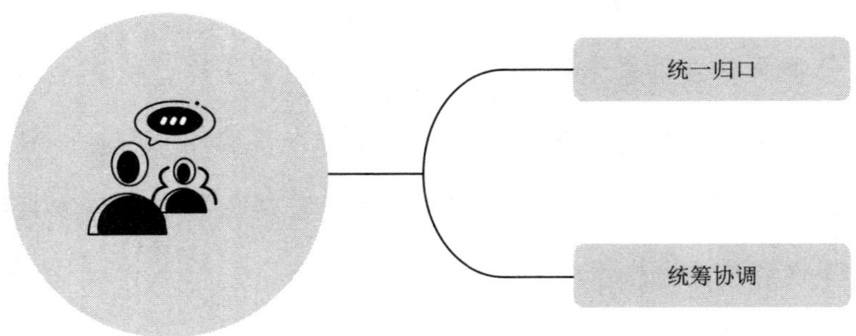

图 1–10　会议管理原则

2. 会议管理制度举例

范例

1.1　会议室管理职责分工

会议室一般由公司行政职能部门管理，负责做好统筹安排、使用登记的相关事宜。信息技术部门做好视频会议系统、IT 设备等的日常维护及使用。物业管理单位（如有）做好会务茶水、后勤保障工作。

1.2　会议室使用规定

1.2.1　会议室一般遵循“先预约，再使用，早预约，优先用”的使用原则

使用会议室需要提前 1 天以上向会议室管理部门预约，使用优先次序一般按照以下原则：公司股东、董事会领导 > 公司管理层 > 对外商务、交流活动 > 预定部门。如遇到会议室使用时间冲突，由

行政部门加以协调。

1.2.2　会前准备

董事会会议、总经理办公会、外部重要接待会议，会务工作一般由行政职能部门牵头，部门级别会议，会务工作由相关部门自行安排。会前应提前 15 分钟做好会议环境布置、后勤服务等安排，做好会议室干净整洁、桌椅摆放整齐。

1.2.3　会后整理

会议室使用完毕后，使用单位应做好会场整理工作，做到以下几点：桌椅及 IT 设备归位，拉开会议室窗帘，打开窗户，关闭会议室门。

1.3　印信管理

印信管理主要有四个方面的内容，见图 1–11。

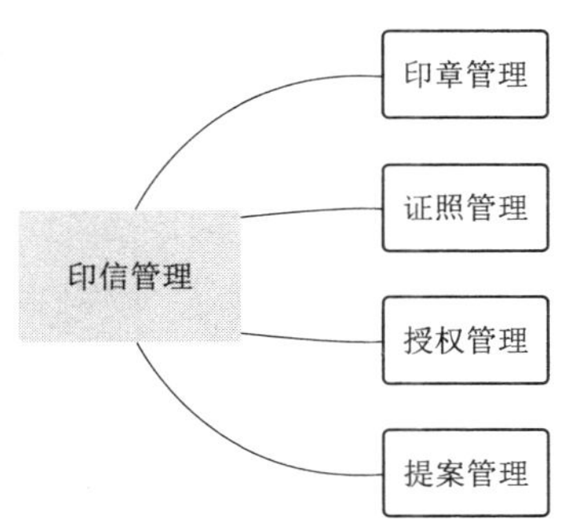

图 1–11　印信管理的四个方面内容

1.3.1 印章管理

印章管理是行政管理部门的重要工作内容，印章的安全性和用印的严肃性关系到公司经营业务的安全有序，行政管理部门要通过制度规范印章的刻制、保管、使用和移交，实现全流程管理。

1. 印章管理原则

印章管理原则，见图 1–12。

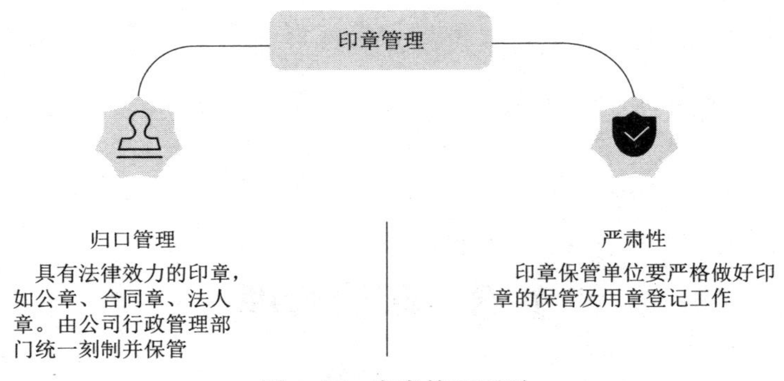

图 1–12 印章管理原则

①归口管理：具有法律效力的印章，如公章、合同章、法人章，由公司行政管理部门统一刻制并保管，盖章需有相应的审批手续。

②严肃性：任何人、任何单位未经允许，不得私自用印，印章保管单位要严格做好印章的保管及用章登记工作。

2. 印章管理制度举例

印章管理制度主要有五个方面，见图 1–13。

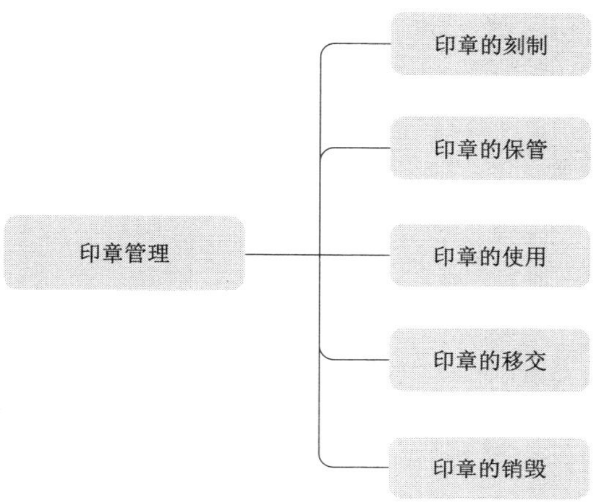

图 1-13　印章管理制度

范例

1.1　印章的刻制

1.1.1　印章的刻制应实行分级管理。对于公司公章、合同专用章、财务专用章、法人名章等具有法律效力的印章，应当依照有关规定向公安机关申报备案,并由行政职能部门统一刻制;除公司公章、合同专用章、财务专用章、法人名章等具有法律效力的印章之外，其他印章可由各业务部门报批后自行刻制。

1.1.2　完成刻制的印章，正式使用前应填写印章领取启用登记表，登记启用日期、印模和保管人员等相关信息后，方可正式使用。

1.2　印章的保管

1.2.1　公司董事会成员、总经理、法定代表人、各成员单位法定代表人的私章由其本人或指定专人负责保管。

1.2.2 公司公章、合同专用章等公司层面的重要印章，由行政职能部门统一保管，各部门业务章、财务专用章等由各相关部门自行保管。

1.2.3 印章的保管要求：印章应入柜加锁，妥善保管，随用随取，用毕立即存于原处，一旦发现丢失及异常情况，应及时报告相关领导，保护现场，查明情况，及时处理。

1.2.4 印章原则上不得带离公司办公场所，如遇特殊情况必须将印章带离公司办公场所使用的，需要办理外借审批手续。

1.3 印章的使用

1.3.1 公司公章、合同专用章等公司层面的重要印章，须由公司领导审批同意后方可用印；印章管理部门应建立印章使用登记册，详细填写用印信息。

1.3.2 用印规范：所有需要加盖印章的文件超过一页的，原则上应加盖骑缝章，有特殊要求的除外。

1.3.3 印章管理员在加盖印章时要严格审查有关文件、合同、资料是否与审批内容相符，不得有涂改；对加盖印章的材料，应注意落款单位必须与印章一致，用印位置恰当，字迹端正，图形清晰，盖出的印章端正、清晰、美观，便于识别。具体要求是“上不压正文，下齐年盖月”。即，当印章下弧无文字时，采用下套方式，即仅以下弧压在成文日期上。

1.4　印章的移交

印章管理员离开本岗（职）三天以上必须办理印章移交手续，分为正式离岗和暂时离岗两种情况。

1.5　印章的销毁

1.5.1　印章因长期使用损坏或丢失需要重新刻制的，须按照印章刻制的流程重新申请。原印章应及时销毁。

1.5.2　作废的印章由行政管理职能部门统一收回、销毁，其中具有法律效力的印章需交有关机构销毁并取得印章销毁证明。

1.3.2　证照管理

证照管理内容，见图 1–14。

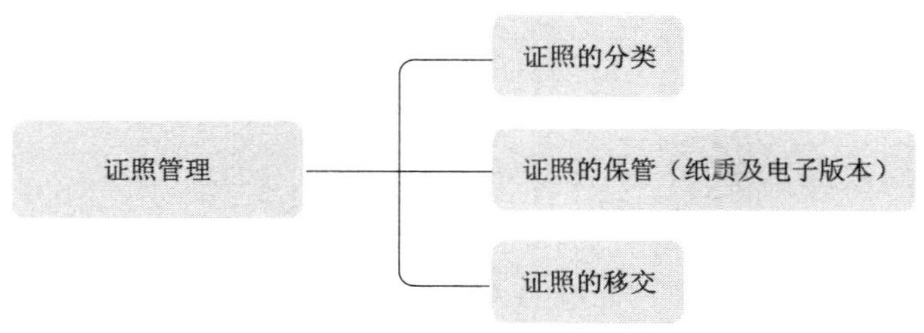

图 1–14　证照管理内容

1. 证照管理原则

原则一：有章可循。

证照涉及面广，需要设专人管理，要确保所有的证照归档有序，去向可查、可追溯。

原则二：有据可查。

证照容易丢失、日常可能需要办理变更等手续，每一项变更，都需要及时做好登记手续，以备日后检查。

证照管理原则，见图 1–15。

图 1–15　证照管理原则

2. 证照管理制度举例

范例

1.1　证照的分类

证照的具体分类，见图 1-16。

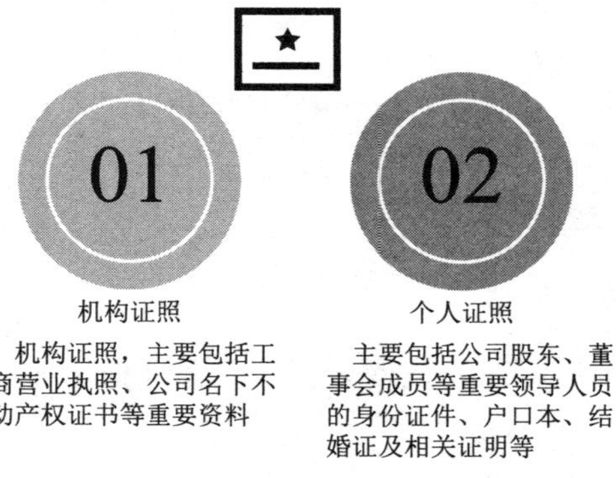

图 1–16　证照的分类

1.1.1　机构证照，主要包括工商营业执照、公司名下不动产权证书等重要资料。

1.1.2　个人证照，主要包括公司股东、董事会成员等重要领导人员的身份证件、户口本、结婚证及相关证明等。

1.2　证照的保管（见图 1–17）

1.2.1　总体要求如下。

建立索引目录，如使用 excel、印象笔记等互联网笔记工具建立索引。

扫描并建立电子文档，实现证照可在线搜索。

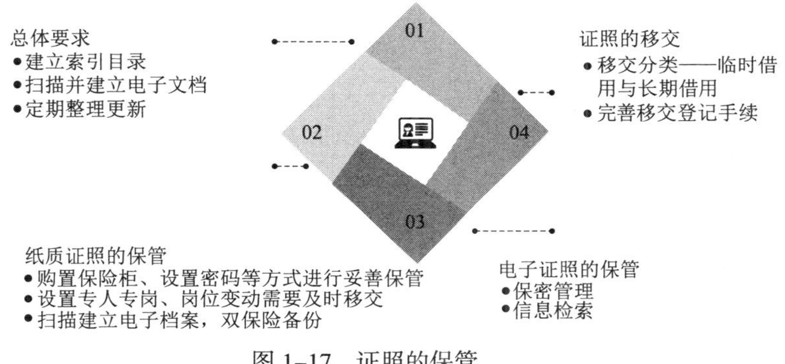

图 1–17　证照的保管

定期整理更新。

1.2.2　纸质证照的保管

购置保险柜、设置密码等方式进行妥善保管。

设置专人专岗、岗位变动需要及时移交。

扫描建立电子档案，双保险备份。

1.2.3 电子证照的保管

保密管理：现在很多工商证照都需要配置电子密钥，要妥善保管。储存设备要加密管理。

信息检索：利用软件实现文档内的文字信息可搜索（工具：档案管理系统）

1.2.4 证照的移交

移交分类：移交包括两种情况，一种属于临时借用，比如因办理工商手续需要临时借用营业执照，因办理相关业务而借用个人证照等；另一种属于长期借用，如财务部门因融资手续需要长期借用不动产权证书，证书用于银行抵押贷款。

完善移交登记手续：一方面要做好临时借用登记，及时归还，如属于长期借用，则应由借出部门和借入部门办理登记手续。

1.3.3 授权管理

1. 授权的分类

授权分为以下两种类型（见图 1-18）。

临时授权：员工因出差、请假、休假、工伤、脱产培训等原因离开本岗位两周以上，或者两周以下但无法以任何形式履行其岗位最基本的职责时，可办理临时授权。

长期授权：从工作效率出发或视特殊情况需要，在日常工作中，一些常规性的审批或处理权限可授权给直接下级，可办理长期授权。

图 1-18　授权的分类

2. 授权的注意事项

授权的程序：办理授权应填写授权书，由授权人、被授权人和见证人签名后，由相关部门、单位保存。

因紧急情况，当事人在离开岗位前，来不及办理临时授权手续的，应由当事人用电话、邮件等方式报告直接上级。

若事先没有办理授权手续而擅自由他人代办手续的，公司须给予相应处分，给公司造成损失或导致其他严重后果的，其本人应承担经济责任和法律责任。

1.3.4　提案管理

1. 提案的目的

营造开放、包容、向上的企业文化。

收集各部门、各员工对公司经营管理的建设性意见及建议。

2. 提案的内容

企业经营管理类：对公司发展战略、发展目标的建议，对公司治理结构、组织机构设立的建议，对企业文化、企业活动形象的意见和建议，对企业成本控制的意见和建议。

企业技术管理类：对企业生产工艺、生产技术的建议，新项目的申报及可行性分析等。

企业员工管理类：对企业有违纪行为人员的检举和举报，对丰富在职员工生活或提高企业凝聚力的活动。

提案的内容，见图 1–19。

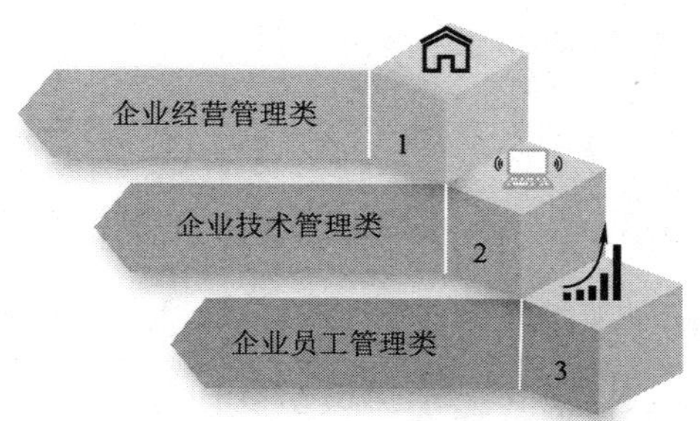

图 1–19　提案的内容

3. 提案的形式

提案既可以是书面形式，也可以是电子形式。

个人提出的提案，必须有提案人的亲笔署名，多人提案须联合署名，对于部门名义提出的提案，需要附上主要参与人员的名单。

4. 提案的程序

提案一般由公司行政职能部门收集处理。提案人或部门如有提案，应先向所在单位行政职能部门提出，行政职能部门在收到提案 15 天内根据实际情况进行处理。对于不符合要求的提案，退回提案人；对于合适的提案，送交有关部门或单位，并限期回复。

提案被采用的，由行政职能部门通知提案人，并给予通报表扬、奖金、活动经费等奖励。

提案未被采用的，由行政职能部门将提案退回提案人，由提案人进行修改后二次提案或废弃。

1.4　工商管理

1.4.1　工商事务的分类

工商事务可以分为三类：公司注册、公司变更、公司注销（见图 1-20）。

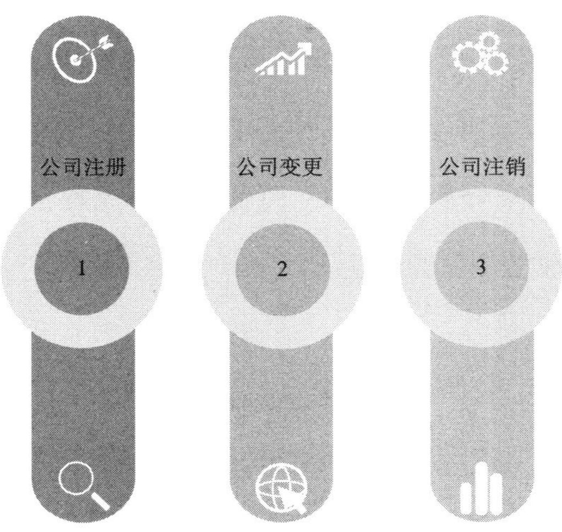

图 1-20　工商事务的分类

1.4.2　工商事务的办理流程

公司的注册、变更和注销，需要填写相应审批表格，由办理该项事务职员所在单位第一负责人签字，送交行政职能部门，经有关部门会签并由公司总经理审批同意后，方可开展具体工作。

因事项紧急、特殊原因需要事先办理的，由办理该项事务职员向公司领导直接汇报，经公司领导同意后，方可开展具体工作。

1.4.3　工商事务的证照保管

公司注册、变更、注销登记事务办理完毕后，办理单位须向行政职能部门报备办理结果，并提交所领取证照资料的扫描件，包括以下两个方面。

（1）最新营业执照（正副本）、章程和章程修正案、合作协议、核准设立或变更或注销登记通知书（或工商局出具的其他类似证明文件）、相关股东法人董事监事签署文件等。

（2）若市场监督管理局的工商事务办理流程系电子化办理的，办理单位须提供截图作为凭证。

1.5　档案管理

档案管理分为三个方面的内容，见图 1–21。

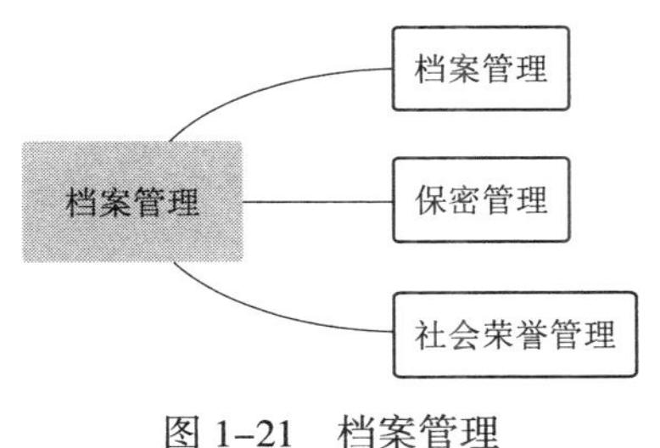

图 1–21　档案管理

1.5.1　档案管理制度举例

范例

1.1　档案管理的原则（见图 1–22）

1.1.1　实物属地管理，清单统一管理。

1.1.2　满足企业内部管理与外部审计（质量管理体系）要求。

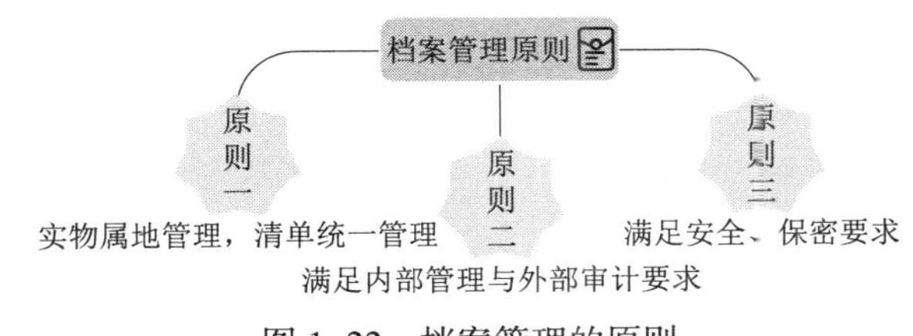

图 1–22　档案管理的原则

1.1.3　满足安全、保密要求。

1.2　档案保管的范围

企业各项业务、公益、公关等活动中形成的对公司有使用、保存价值的各种文字（包括纸质资料和电子文档）、图表、账册、凭证、报表、技术资料、录音录像、相片、视频、荣誉实物、证件等不同形式的历史记录。

1.3 档案管理的程序

1.3.1 档案的分类

（1）档案的分类严格服务于企业的日常经营,和企业所处的行业、经营业务类型紧密相关，比如检测行业的内部档案，一台专业的检测设备仪器，就需要建立一套档案。

（2）档案分类的一般原则：全宗、一级分类、二级分类。

1.3.2 档案的收集、整理：档案整理的流程包括立卷、装订、排列、著录。

1.3.3 档案的保管：企业要根据档案的实际价值和国家有关规定，编制档案保管期限表。档案保管期限一般分永久、定期 30 年、定期 10 年三种。

1.3.4 档案的整理及信息化：已上线档案管理信息系统的公司，须及时完成线上档案资料录入，并为集团档案室设立具备查询功能的专用账号。

1.3.5 档案的借阅：档案的借阅应根据档案的密级，对于不同密级的档案，制定不同的审批权限，所有的档案借阅都应留有审批记录。

1.3.6 档案的鉴定和销毁

（1）档案室需定期对保管的档案资料进行重新鉴定，鉴定工作要由公司领导、专业技术人员和档案管理人员参加的鉴定小组，直接对档案进行鉴定。每次鉴定要写出鉴定报告，并出具鉴定意见，由小组负责人签名，并注明鉴定日期。

（2）销毁档案必须在指定的地点进行，并由行政职能部门人员监销，严禁将文件作为它用，或以废纸出售。

1.5.2 保密管理

1. 保密管理的原则

保密管理的原则有三个，见图 1–23。

原则一：分级管理原则，绝密、机密、秘密不同等级，需使用不同的管理手段。

原则二：与时俱进原则，结合信息技术发展的趋势，不断升级公司内部防泄密手段及工具。

原则三：确定期限原则，密级随着时间的推移而变化，时间越久远，密级越低。企业要采取变化的保密措施。

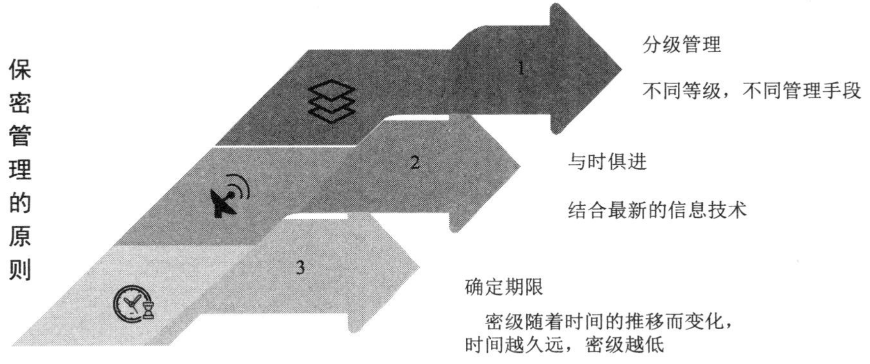

图 1–23　保密管理的原则

2. 保密范围

公司秘密是指关系公司的利益，依照一定程序确定，在一定时间内只限一定范围的人员知悉的，经公司采取保密措施并具有实用性的技术信息和经营信息，包括经营信息和技术信息。

3. 密级分类

公司依据经营信息和核心技术对公司的影响程度确定密级，见图 1–24。

①绝密级：对公司有重大价值的经营信息和核心技术及在经营发展中直接影响公司权益和利益的重要决策文件资料。

②机密级：公司的规划、财务报表、统计资料、重要会议记录、公司经营情况。

③秘密级：公司人事档案、合同、协议、职员薪酬、尚未进入市场或尚未公开的各类信息。

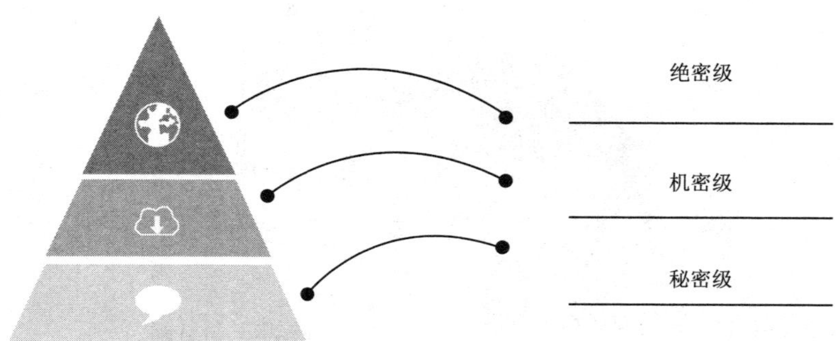

图 1–24　密级分类

4. 保密规定

保密规定属于公司秘密的载体（包括文件、资料、电子版），应当依据本制度的规定标明密级，并确定保密期限。

1.5.3　社会荣誉管理

1. 社会荣誉的分类

社会荣誉分为以下两类：

①企业荣誉。

②个人荣誉：职工以企业成员身份获得的个人荣誉。

2. 社会荣誉的实物保管

分级管理（见图 1–25）：

①重要级别：市级或市级以上荣誉，由公司行政管理职能部门统一保管。

②一般级别：市级以下荣誉，由各部门自行保管。

③个人荣誉：原则上由个人自行保管，重要荣誉（省级以上或重要行业荣誉）由公司保管复制品。

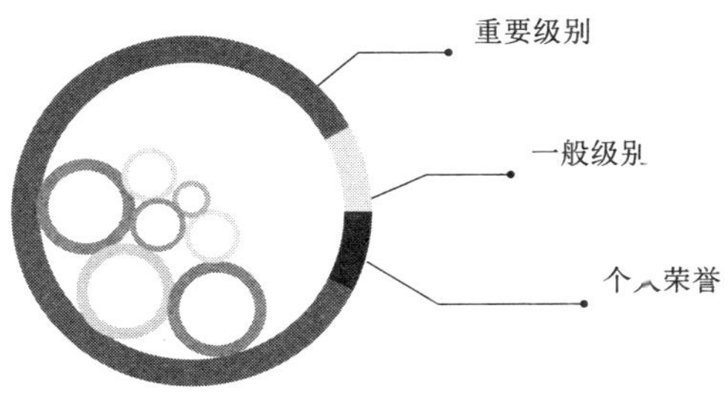

图 1–25　社会荣誉的实物保管

3. 社会荣誉的台账管理

针对社会荣誉，台账管理主要有3点要求，见图1–26。

①自行登记：荣誉台账由各负责保管荣誉的单位自行登记。

②定期汇总：公司行政管理部门应定期对公司范围内所有单位获得的奖项和荣誉进行收集汇总。

图1–26　台账管理的3点要求

③资料翔实：奖项荣誉的登记，应翔实地记录荣誉的详细信息，包括获奖单位名称、获奖时间、荣誉全程和颁奖单位，并做好图片的拍照存档。

1.6　资产管理

企业资产管理主要包括以下三个方面，如图1–27所示。

①房产及物业类：公司或股东名下的房产物业，主要包括自有或租赁的办公用房、生产用房、职员工宿舍或附属建筑物。

②企业车辆类：车辆是企业资产中较为特殊的一类，资金占用

大且有流动性，需要设置专人进行管理，主要包括日常工作中的行政用车及公司高管领导配置的个人用车。

③企业办公类：如办公用品、办公家具、办公设备及电器等。

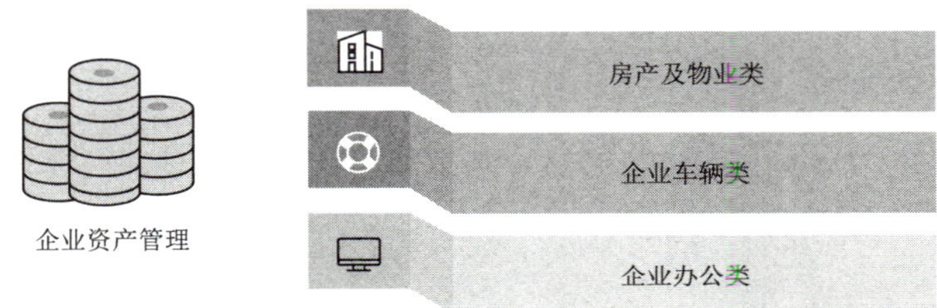

图 1-27　企业资产管理的三个方面

1.6.1　固定资产管理

1. 固定资产管理的原则

固定资产管理主要有以下 4 个原则（见图 1-28）。

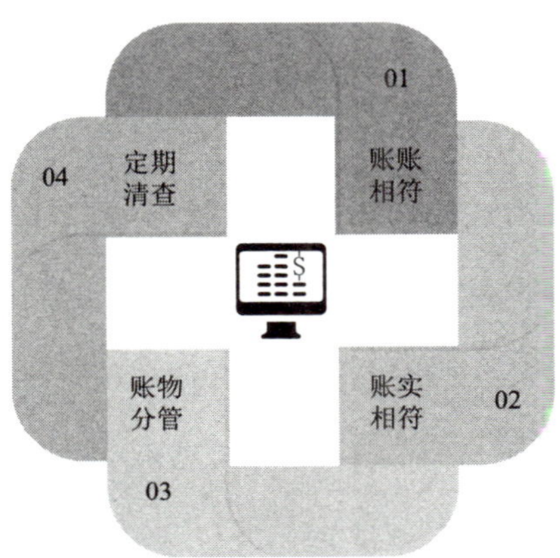

图 1-28　固定资产管理原则

①账账相符：财务账面的资产与固定资产管理部门账上的资产相对应。

②账实相符：固定资产管理部门账上资产与资产实物相对应。

③账物分管：资产台账与实物分开管理，管账的不能管物，管物的不能管账。

④定期清查：固定资产财务管理部门与行政管理部门要定期联合检查，对固定资产的情况进行整体清查。

2. 固定资产的定义

固定资产是指企业为生产产品、提供劳务、出租或者经营管理而持有或使用时间超过 12 个月的，价值达到一定标准的非货币性资产，包括房屋、建筑物、机器、机械、运输工具及其他与生产经营活动有关的设备、器具、工具等。公司行政管理部门应与财务管理部门共同结合企业资产规模、行业特点及企业会计准则有关规定，具体界定适合本单位的固定资产管理范畴。

一般来说，企业固定资产有如下特点：

①使用期限较长：如使用期限超过一个会计年度，使用期限在一个会计年度之内的通常计入收益性资产，不列入固定资产。

②单位价值较大：一般指单位价值在 2 000 元（含）以上的资产，2 000 元以下的设备一般列入低值易耗品范畴管理。

3. 固定资产的分类和编码

固定资产一般分为以下几类：房屋建筑物类、机器设备类、工具器具类、运输设备类、办公设备类、大型 IT 设备类、家具类和电器类（见图 1–29）。

4. 资产管理流程

资产管理流程（见图 1–30）：申购—购入—入库—领用—维修—调拨—定期盘查—回收—报废。

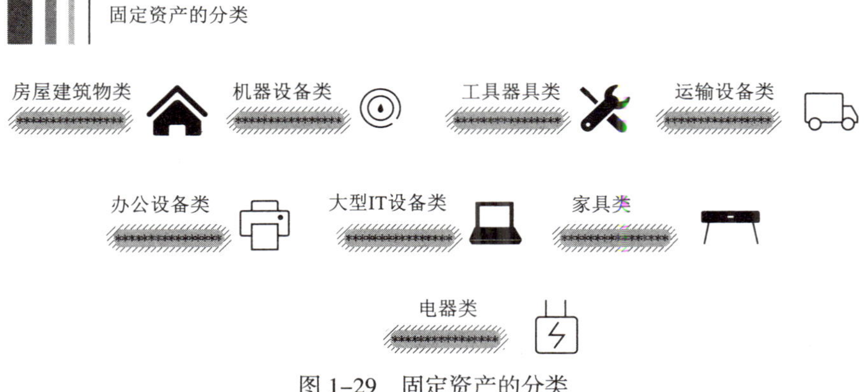

图 1–29　固定资产的分类

图 1–30　资产管理流程

5. 固定资产的管理目的

对公司来说，管理固定资产的主要目的包括以下两个方面，见图 1–31。

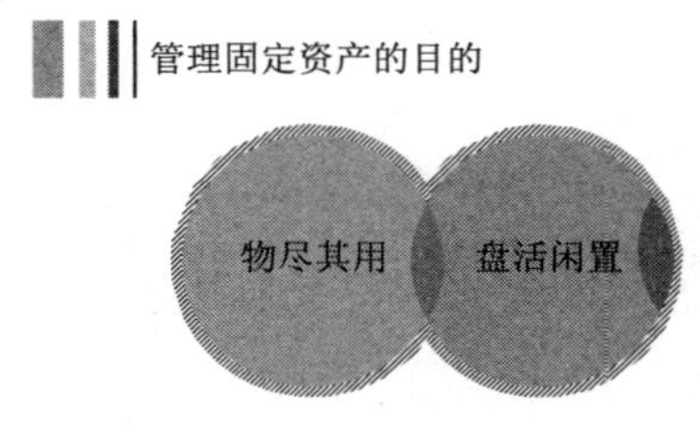

图 1-31　管理固定资产的目的

①物尽其用：在折旧期内提高固定资产的使用效率，令资产发挥最大的效益。

②盘活闲置：让所有在用的固定资产有账可查，通过建立账务、实物登记表，减少固定资产的重复购置，避免浪费。

6. 固定资产的管理思路

固定资产的管理思路有两个方面。

①建立统一、明确的规则：哪些要管、哪些不用管，如何管，折旧方式和年限如何界定，这些都要在集团总部层面加以明确，让各个下属单位遵照执行。

②工夫在日常：固定资产管理的关键在于日常管理的细致程度，比如人员岗位发生变动时，固定资产要随之进行调拨，避免人员调动后，相关的固定资产没有及时更新，造成账务和实物不相符合的情况。

7. 固定资产的盘点和清查

①盘点流程（见图 1-32）：梳理盘点计划—开始盘点—后期的处理（盘亏处理、异常处理、盘盈处理）。

固定资产的盘点流程

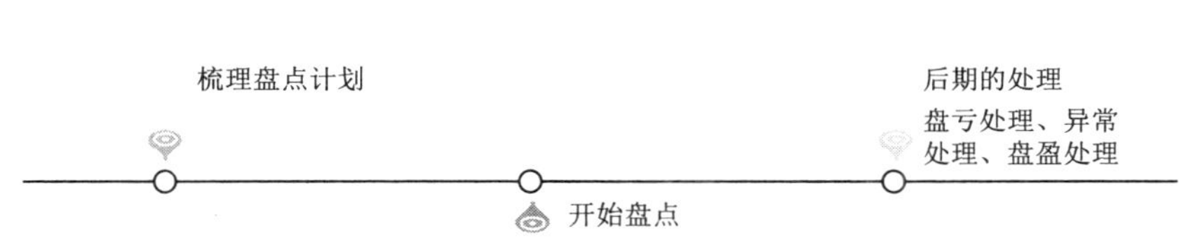

图 1–32　固定资产的盘点流程

②流程详细说明

首先，梳理盘点计划。对于固定资产管理工作来说，首先需要明确的是职责和定位。行政管理部门是固定资产管理的第一责任部门，财务管理部门是账面的管理部门，所以在确定本年度需要盘点和清查的固定资产范围的时候，首先应该由固定资产的账面管理部门（也是就财务管理部门）梳理出这次需要盘点的资产范围，如果有信息化的管理系统，比如金蝶等系统时，则可以方便快捷地从系统导出需要盘点的资产信息。

其次，开始盘点。一般由固定资产的管理部门以及账面管理部门，也就是行政和财务的具体人员负责，开始按照清单的内容逐项清点，登记资产所在的位置、状态，如果有出现异常的情况，就需要及时登记，后续进行处理。主要记录以下两个要点：第一点，资产的登记信息是否正常；第二点，资产的使用状态是否正常。

③后期的处理

在上述的盘点流程结束后，就可以通过后台直接导出盘点的结果，并对盘点结果进行分析和统计，主要包括以下三种结果。

结果一：盘点正常。

资产信息和资产状态都正常，不用后续处理；

结果二：资产信息异常。

比如，资产更换了使用人，更换了使用部门，就需要根据公司内部流程手续，进行资产的调拨及资产管理系统上的更新。

结果三：资产状态异常。

比如，无法使用、待报废、遗失，对于这类情况，需要对资产进行及时的处置，该报废的报废，该调整的调整。

1.6.2　车辆管理

1. 公务车辆的分类

公务车是指因工作业务需要，以公司名义购入用于办理公务的车辆，分为个人配置用车及公共用车（见图 1–33）。

图 1–33　公务车辆的分类

2. 车辆管理流程

车辆管理流程（见图 1–34）：购置申请—配置标准核定—车辆

入库—车辆调动—车辆报废及遗失管理。

图 1–34　车辆管理流程

申请单位应清楚叙述购置车辆原因、用途，现有车辆使用情况和数量，说明是否可内部调动车辆使用。行政管理部门根据性价比，参考实用、省油、便于维护保养和工作环境相适应等因素，初步确定建议配置车型。

1.6.3　企业办公用品管理

1. 办公用品管理的原则

办公用品管理应遵循三个原则（图 1–35）：成本控制原则、满足需要原则、回收管理原则。

图 1–35　办公用品管理原则

2. 办公用品管理制度举例

范例

1.1 办公用品的申购

1.1.1 行政管理部门作为办公用品的日常管理单位，负责做好办公用品的日常管理及使用登记工作。

1.1.2 各部门如需申请办公用品，可通过企业内部 OA 办公系统或线下渠道进行申请。

1.1.3 行政职能部门定期汇总公司的办公用品申购需求，按照审批流程报批后采购。

1.1.4 采购除传统线下实体店购买，也可通过线上购买。

1.2 办公用品的发放

办公用品的发放，要做好实物领用登记手续。

1.3 办公用品的库存管理（见图 1–36）

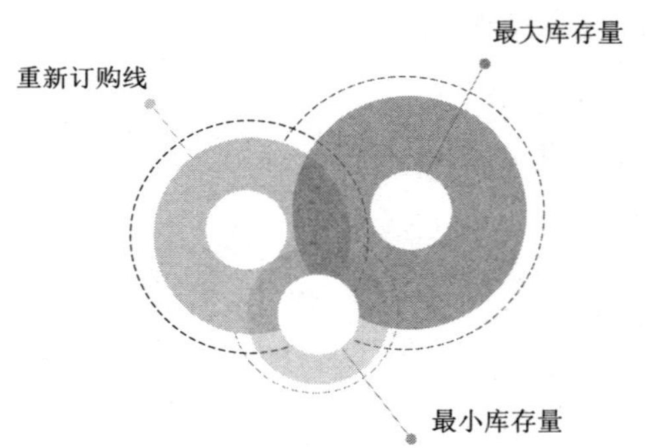

图 1–36 办公用品的库存管理

1.3.1 最大库存量：防止物品超量储存。

1.3.2　最小库存量：保证库存充足。

1.3.3　重新订购线：库存预警线。

1.4　办公用品的回收及再利用

对于订书机、文件夹等可循环使用的文件，员工离职时要做好办公文具的回收，文具回收后方可办理离职手续。

1.7　后勤管理

后勤管理主要包含四个方面内容，见图 1–37。

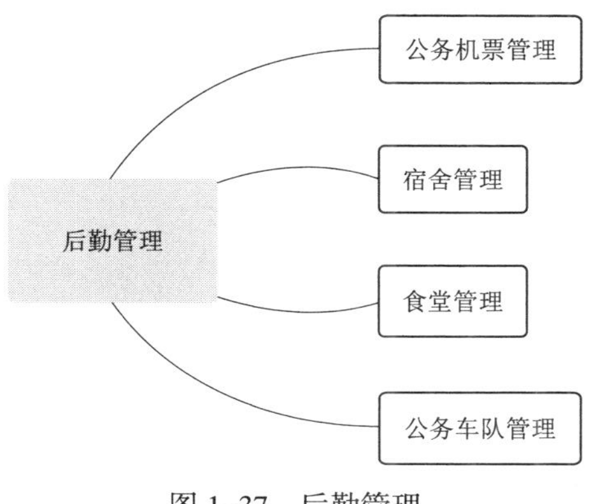

图 1–37　后勤管理

1.7.1　公务机票管理

1. 机票预订的情况

机票预订需要关注 4 点：公司统一安排出行；陪同重要客户出

行；紧急差旅；机票价格与其他交通方式相比具有优势（见图 1–38）。

图 1–38　机票预订关注点

2. 机票预订的流程

一般机票预订流程（见图 1–39）：预订申请—机票预订—确认预订成功—改签退签（如有）—报销对账。

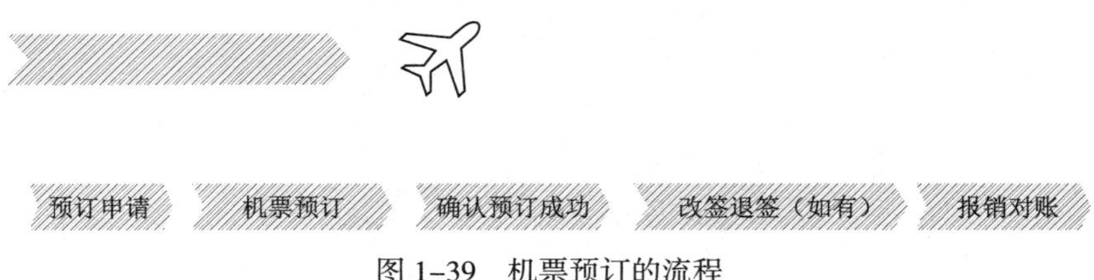

图 1–39　机票预订的流程

1.7.2　宿舍管理

1. 入住流程

一般入住宿舍的流程（见图 1–40）：入住申请—审批同意—确定具体房号及床位—宿舍调动申请（如有）—退宿申请（如有）。

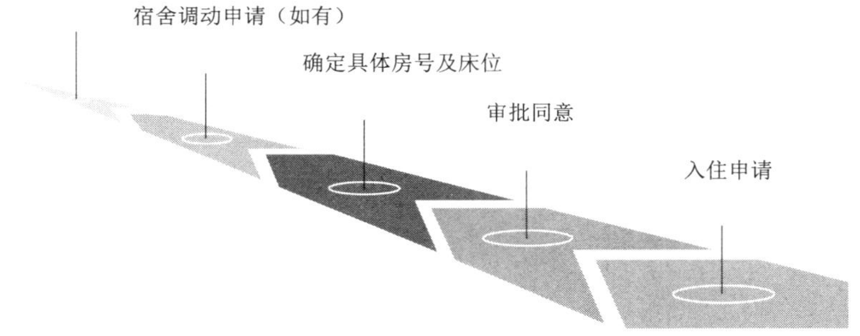

图 1–40　一般入住宿舍流程

2. 宿舍管理

宿舍管理主要从以下三个方面进行（见图 1–41）。

图 1–41　宿舍管理

①人员管理：禁止非公司员工入住。

②安全管理：用水、用电、用气安全管理，做好定期检查。

③物品管理：宿舍基本配备日用品领用规定、退宿物品清查规定。

1.7.3　食堂管理

1. 食堂经营模式

食堂经营一般分两种模式（见图 1–42）。

自营模式：由公司招聘厨师、帮厨等工作人员，由行政职能部门直接负责食堂的日常管理工作。

外包模式：将食堂整体外包给专业的企业团餐经营公司，由其根据企业要求选派厨师、帮厨等工作人员，企业行政职能部门通过管理外包公司，实现对员工食堂的间接管理。

图 1–42　食堂经营模式

2. 不同经营模式下食堂管理的要点

不同经营模式下食堂管理的要点有以下两条。

①自营模式：重点关注卫生安全、饭菜质量。

②外包模式：重点要细化对外包公司的考核，通过严格考核要求，加强食堂管理。

1.7.4　公务车队管理

公务车队的日常管理工作主要有三个方面，如图 1–43 所示。

1. 日常公务用车

一般根据用车情况分为短途用车和长途用车。

图 1-43　公务车队管理

短途用车：要求提前申请，拼车前往。

长途用车：要求尽量使用公用交通工具（火车、高铁、飞机等），拼车优先。

2. 车辆管理

人车对应管理，尽量采用一个驾驶员对应一辆公务车的管理方式，以便做好统筹安排。同时，要求驾驶员做好日常车辆维护及保养。

3. 驾驶员管理

驾驶员管理应重点关注两个方面。一方面，要加强仪容仪表管理。驾驶员穿着应得体，穿着职业套装；另一方面，要加强驾驶员行为规范的管理。要求保持车内卫生整洁，每次出车后都应及时清理车内垃圾。驾驶员要有良好的职业道德规范。

1.8 对外关系协调

对外关系协调工作主要分为两个方面，见图 1–44。

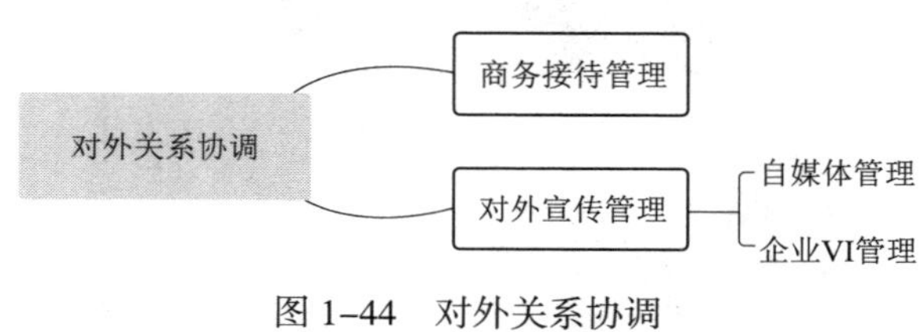

图 1–44 对外关系协调

1.8.1 商务接待管理

1. 商务接待的原因

商务接待一般指根据公司业务需要，由行政部门参与的来访公司人员的接待及服务工作，主要包括两大类：一是由行政部门直接负责接待，主要是如公司领导指定或安排的接待工作；二是其他业务部门负责接待，由行政部门协助的商务接待。外宾来访类型主要包括以下几类，分别是检查指导、考察调研、学习交流、业务合作、出席会议。

2. 商务接待的原则

商务接待主要有三条原则，见图 1–45。

原则一：礼貌、周到、保密、严格。

原则二：业务对口、职级对等、分级分类。

原则三：谁接待、谁负责。

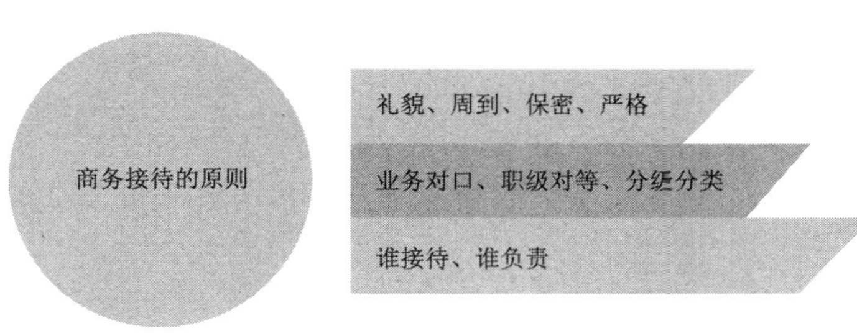

图 1–45　商务接待的原则

3. 商务接待的流程

一般商务接待流程（见图 1–46）：接受任务—申请接待—确定方案（预算）—落实任务—宾客迎接—会务安排—商务宴请—参观考察—送行—接待总结。

图 1–46　商务接待流程

接待前注意事项：提前与来访单位联系人对接，了解对方来访人员、职务、来访目的和特殊需求，拟定详细的接待方案及流程，并根据公司实际情况确定接待费用预算。

接待时注意事项：要做好接待工作，关键是要做好提前量，想在前、做在前，如在参考考察项目时就提前准备安排好用餐餐馆、饭后休闲娱乐活动等事宜，只有提前考虑了，才不会措手不及。另外，不管职务高低，接待时应秉承“不卑不亢”的态度，平等相待、热情有礼。

接待后注意事项：只有当将宾客送达返程交通工具并道别后，接待方才结束，注意做好礼品赠送及感谢信的发送，给双方留下好的印象。接待后要及时复盘总结接待过程，积累经验，不断优化。

1.8.2 对外宣传管理企业自媒体管理

1. 企业自媒体管理

（1）企业自媒体平台的管理

企业自媒体是指企业通过网络等途径向外发布它们本身的事实和新闻的传播方式。自媒体平台的管理和维护遵循“总体规划、统一格式、独立授权、分工负责”的原则。

随着网络的逐步发展，现在的企业自媒体主要包括企业官方网站、公众号及其他如微博等自媒体平台。

（2）企业自媒体内容的收集

企业自媒体内容的收集，要做到明确标准、建立流程。

（3）明确标准

自媒体平台信息发布内容范围包括但不限于：公司政策、各种业务宣传、重要活动、行业及市场动态；企业形象宣传、企业文化建设、公益活动、文体活动等；公司结合发展需要，认定需发布或转发的信息。

（4）建立流程

具体建立流程可参考图 1–47。

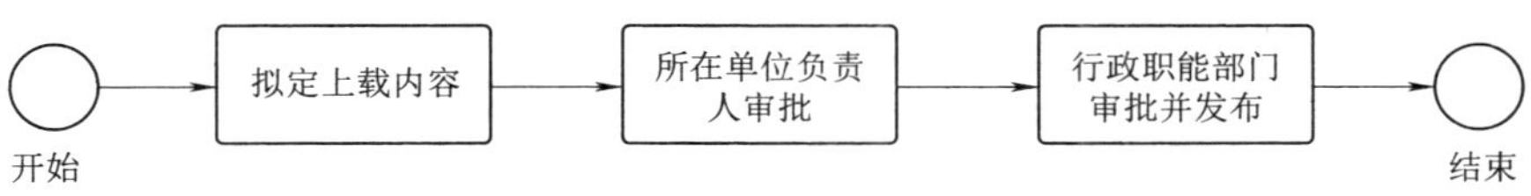

图 1-47　企业自媒体管理的建立流程

2. 企业 VI 管理

（1）企业 VI 管理的定义

VI 一般指视觉识别系统，视觉识别系统（Visual Identity，VI）是运用系统的、统一的视觉符号系统。企业 VI 是通过意义明确、统一标准的视觉符号，将企业的经营理念、企业文化、经营内容、企业规模、产品特性等要素，传递给社会公众，使之识别和认同企业的图案和文字。

（2）企业 VI 管理的应用范围

企业标识的应用范围主要包括以下几类（见表 1-1）。

表 1-1　企业标志的应用范围

类　　别	应用范围
办公用品类	信封、信纸、名片、徽章、工作证、文件夹、资料袋、座位牌等
公文类	公文、表格、介绍信、账票等
企业外部建筑环境	建筑造型、公司旗帜、企业招牌、公共标识牌等
企业内部建筑环境	企业内部各部门标识牌、楼层标识牌等
交通工具	货车、面包车等
服装服饰	工衣、工帽、胸卡等
广告媒体	杂志广告、网络广告、招贴广告等
产品包装	纸箱包装、塑料袋包装、金属包装等
公务礼品	纪念品等
陈列展示	陈列商品展示、展览展示等
印刷品	宣传画册、商品说明书等

（3）企业 VI 管理的要求

行政职能部门要定期对企业的标识使用情况进行检查，对于不符合企业 VI 规范的内容，要通知并整改。

第 2 章 >>>>>>

企业行政管理表格与模板

表格与模板是在企业行政管理过程中经常使用的工具。一个简洁、实用的表格或模板可以帮助行政人员更好地梳理工作思路，避免缺漏。但是需要指出的是，本章所列的表格和模板并非一成不变，需要读者根据自身需要和企业实际情况进行调整。

2.1 行政管理人员个人管理表格与模板

表格的作用是为了更好地理清思路，不论是年度规划，还是每月、每周甚至每日的工作表格，主要目的都是为了让行政人员更好地抓住工作重点，推进重点项目，而不是眉毛胡子一把抓。

2.1.1 年度规划表格

通过简单的 Excel 表格，将一年 365 天转化为 365 个单元格。以色块强调主要的重要活动日及差旅安排，如图 2–1 所示，深灰色表示个人休假、浅灰色表示差旅，对个人全年的时间规划安排有很大的帮助。如果长时间都处于工作状态，就要适时调整，保持劳逸结合。

2.1.2 每月工作计划及总结

下面提供 2 个月度工作计划和月度工作总汇表的范例，见图 2–2 和表 2–1。

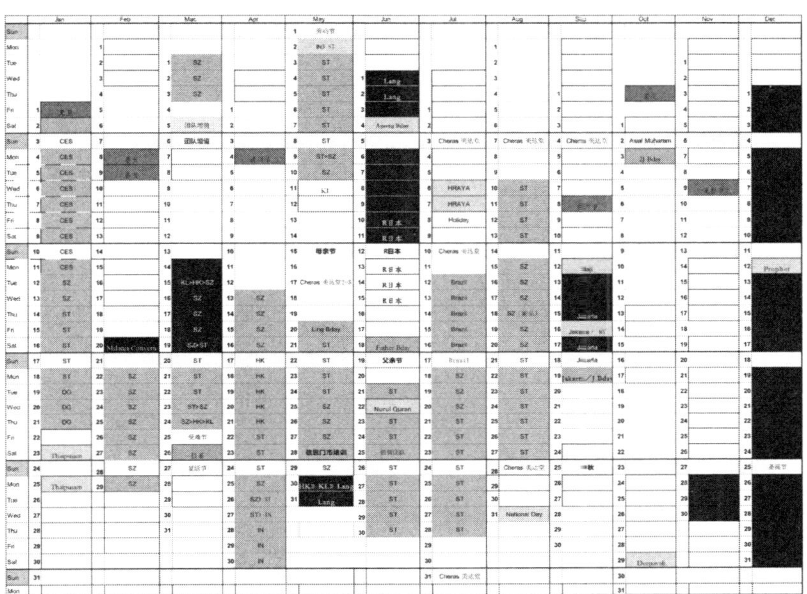

图 2-1　年度个人规划

____年__月工作计划及安排表

部门:　　　　责任人:　　　　编制时间:

月度工作必达指标						
月度工作核心项目	**工作过程措施**	**完成时间**	**对接部门**	**对接人**	**完成情况**	**备注**

审核:　　　　完成情况填写审核:

图 2-2　月度工作计划

表 2-1　月度工作总结汇报表

部门：　　　　　　岗位：　　　　　　　　　　制表人：　　　　　　　　　年　月　日

<table>
<tr><th>项目</th><th colspan="2">工作说明</th><th>工作完成时间</th><th>责任人</th></tr>
<tr><td rowspan="13">工作完成情况</td><td rowspan="5">重点工作</td><td></td><td></td><td></td></tr>
<tr><td></td><td></td><td></td></tr>
<tr><td></td><td></td><td></td></tr>
<tr><td></td><td></td><td></td></tr>
<tr><td></td><td></td><td></td></tr>
<tr><td rowspan="5">日常工作</td><td></td><td></td><td></td></tr>
<tr><td></td><td></td><td></td></tr>
<tr><td></td><td></td><td></td></tr>
<tr><td></td><td></td><td></td></tr>
<tr><td></td><td></td><td></td></tr>
<tr><td rowspan="3">未完成工作说明</td><td>问题分析</td><td>解决办法及完成时间</td><td></td></tr>
<tr><td></td><td></td><td></td></tr>
<tr><td></td><td></td><td></td></tr>
<tr><td rowspan="3">工作建议</td><td colspan="4">建议内容（本部门或其他部门的提议）</td></tr>
<tr><td colspan="4"></td></tr>
<tr><td colspan="4"></td></tr>
</table>

2.1.3　每周工作计划

行政工作涉及面广，既有大型活动的统筹操盘，又有办公室零星装修的跟进，所以常常需要一份表格来记录、梳理每周的工作，形成自己的“工作业绩记录跟踪表”。以笔者为例，每周的最后一个工作日，都会整理“每周工作完成情况”并计划“下周工作计划”，如表 2-2 所示，在每个工作日上班的第一时间，在“每日工作计划”

表 2-2　每周工作计划表格案例

	星期一	星期二	星期三	星期四	星期五
序号	2021/6/28	2021/6/29	2021/6/30	2021/7/1	2021/7/2
工作计划	收集 × 月份工作完成情况	1. 收集月报； 2. 食堂改革方案调整； 3. 撰写领导讲话稿	1. 发布新闻微信公众号； 2. 七一微信公众号 2 篇提前编辑； 3. 新闻稿完成初稿 2 篇； 4. 七一活动现场协调及 1 号提前； 5. 打孔确认	1. 七一活动新闻稿发布 2 篇； 2. 参加七一上午及下午活动； 3. 宿舍名单事宜	1. 宿舍名单整理； 2. 党建资料整理； 3. OA 流程提交； 4. 月报初步梳理
工作完成	1. 整理车辆统计表格； 2. 修改完善食堂汇报方案并汇报； 3. 统计党员表格	1. 修改食堂改革方案； 2. 党员数据统计； 3. 发送宣传片相关资料	1. 完成七一新闻稿 2 篇初稿及现场协调； 2. 发布 630 微信公众号图文信息； 3. 查看孔位现场确认及一楼漏水事宜沟通； 4. 宿舍事宜初步沟通	1. 参加七一上午活动及下午活动； 2. 撰写 2 篇新闻稿； 3. 做好微信公众号编辑发布工作	1. 宿舍名单反馈人力部门； 2. 完成车辆批复； 3. 环保视频反馈意见准备； 4. 党建资料整理
本周工作计划	1. 对外协调：疫苗接种、内部查勘； 2. 内部文档：月度会议材料，提交流程； 3. 行政工作：食堂改革汇报； 4. 品牌工作：资料整理，运维机制				
下周工作安排	1. 行政管理：项目管理（食堂改革、宿舍补贴）、会务文档修订、月度例会材料确认； 2. 品牌管理：运维机制确认、宣传片样片沟通、角色分工沟通、白名单开通； 3. 对外协调：现场查勘事宜				

的单元格填上当天需要完成的主要工作，每完成一项或是有进展就记录在“当日工作完成”，这样长期积累下来，你就会对自己的工作有个完整的记录，随时可查，也方便自己规划未来的工作。

自我训练

以下包含每周工作计划表（见表 2–3）、周工作总结计划表（见表 2–4）、下周计划汇报表（见表 2–5）三份空白表格模板，请读者根据自己实际工作中的情况进行填写。

表 2–3　每周工作计划表

<table>
<tr><th colspan="2"></th><th>星期一</th><th>星期二</th><th>星期三</th><th>星期四</th><th>星期五</th></tr>
<tr><td colspan="2">日期</td><td></td><td></td><td></td><td></td><td></td></tr>
<tr><td colspan="2">每日工作计划</td><td></td><td></td><td></td><td></td><td></td></tr>
<tr><td colspan="2">每日工作完成</td><td></td><td></td><td></td><td></td><td></td></tr>
<tr><td rowspan="2">周工作总结</td><td>本周工作总结</td><td></td><td></td><td></td><td></td><td></td></tr>
<tr><td>下周工作安排</td><td></td><td></td><td></td><td></td><td></td></tr>
</table>

表 2–4　周工作总结计划表

<table>
<tr><td colspan="6">年　　月　　日，第　　周工作周报</td></tr>
<tr><td>项目</td><td colspan="3">完 成 工 作 说 明</td><td>总计完成量</td><td>工作完成时间</td></tr>
<tr><td rowspan="14">上周工作完成情况</td><td rowspan="5">重点工作</td><td>1</td><td></td><td></td><td></td></tr>
<tr><td>2</td><td></td><td></td><td></td></tr>
<tr><td>3</td><td></td><td></td><td></td></tr>
<tr><td>4</td><td></td><td></td><td></td></tr>
<tr><td>5</td><td></td><td></td><td></td></tr>
<tr><td rowspan="5">日常</td><td>1</td><td></td><td></td><td></td></tr>
<tr><td>2</td><td></td><td></td><td></td></tr>
<tr><td>3</td><td></td><td></td><td></td></tr>
<tr><td>4</td><td></td><td></td><td></td></tr>
<tr><td>5</td><td></td><td></td><td></td></tr>
<tr><td rowspan="4">未完成工作说明</td><td colspan="2">内 容 分 析</td><td colspan="2">处理办法及完成时间</td></tr>
<tr><td>1</td><td></td><td colspan="2"></td></tr>
<tr><td>2</td><td></td><td colspan="2"></td></tr>
<tr><td>3</td><td></td><td colspan="2"></td></tr>
<tr><td rowspan="4">改善意见</td><td colspan="5">建议内容（本部门或其他部门的提议）</td></tr>
<tr><td colspan="5"></td></tr>
<tr><td colspan="5"></td></tr>
<tr><td colspan="5"></td></tr>
</table>

表 2–5　下周计划汇报表

项目	本　周　内　容　说　明			工作开始时间	预计完成时间
下周工作安排	重点工作	1			
		2			
		3			
	日常工作	1			
		2			
		3			

2.1.4　每日工作日报

每日工作日报区别于每周工作计划的表格记录形式，更加侧重完成的业绩、里程碑项目的汇报，特别是当你新入职或是团队领导要求你撰写日报时，领导关心的是你完成了什么，而不是你做了什么。

每日日报记录的必须是项目或事件的里程碑，不要记录描述性的文字。可以采用“两段论”，例如：完成了车辆改革方案的初稿撰写，项目完成进展 3/5。

简单理解，两段论的前半段是“今日完成”，是指当天已经完成了哪些工作；后半段是指“后续计划”，也就是后续工作的具体计划，强调的是明确性。

每日工作日报没有固定的模板，可以参考表 2–6，也可以根据需要可以使用 Word 或 Excel 自行编写。参考撰写思路如下。

- 日期
- 今日完成
  - 1~3 项，可以采用“两段论”，完成了 × × ×，整个项目的进展为 x/y（比如 3/5）。
- 后续计划
  - 1~3 项
- 重大问题（可选）

具体形式可参考表 2-6。

表 2-6　每日工作日报

日期	
今日完成	
1.	
2.	
3.	
后续计划	
1.	
2.	
3.	

2.2　行政管理工作常用表格与模板

行政管理工作常用表格涉及两大类：会务类表格与文秘管理类表格。

2.2.1　会务文秘表格与模板

图 2–3 和图 2–4 分别为会务类和文秘管理类工作表格分类。

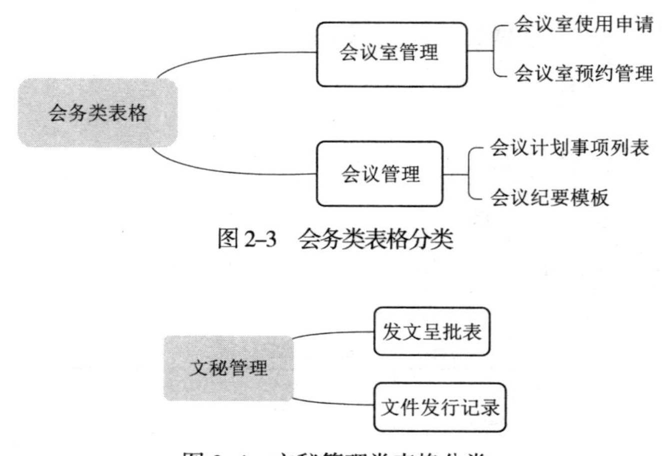

图 2–3　会务类表格分类

图 2–4　文秘管理类表格分类

1. 会议室使用申请表

见表 2–7。

表 2–7　会议室使用申请表

申请人		申请部门	
申请日期		会议日期	
使用类别	□内部会议　□ 外部接待　□培训学习　□其他：		
参会人数		会议模式	□视频会议□非视频会议

续上表

视频会场	视频会场共 ____ 个，会场如下：		
需用物品	□投影仪　□电脑　□网络　□条幅 □宣传片　□鲜花　□水果　□摄影 □ PPT 简介　□座位牌　□其他： 条幅内容：____________________ 欢迎语内容：____________________		
负责人审批		会议室管理员登记	
备　注			

2. 会议室预约登记表

见表 2-8。

表 2-8　会议室预约登记表

序号	会议室	预约日期	开始时间	结束时间	预约人	会议主题
1						
2						
3						
4						
5						
6						
7						
8						
9						
10						

3. 会议计划事项列表

见表 2–9。

表 2–9　会议计划事项列表

序号	会议问题	事项（PDCA）目标	责任人 / 执行人	需配合、部门	时间段

4. 会议纪要表

见表 2–10。

表 2–10　会议纪要表

<table>
<tr><td>会议时间</td><td></td><td>会议地点</td><td></td><td>组织部门</td><td colspan="2"></td><td rowspan="3">制作：
审核：
批准：</td></tr>
<tr><td>会议主题</td><td colspan="6"></td></tr>
<tr><td>参加人员</td><td colspan="6"></td></tr>
<tr><td colspan="8">会议决议</td></tr>
<tr><td>序号</td><td>项目</td><td colspan="4">会议事项</td><td>责任人</td><td>执行 / 完成时间</td></tr>
<tr><td>1</td><td></td><td colspan="4"></td><td></td><td></td></tr>
<tr><td>2</td><td></td><td colspan="4"></td><td></td><td></td></tr>
<tr><td>3</td><td></td><td colspan="4"></td><td></td><td></td></tr>
<tr><td>4</td><td></td><td colspan="4"></td><td></td><td></td></tr>
<tr><td>5</td><td></td><td colspan="4"></td><td></td><td></td></tr>
</table>

5. 发文呈批表

见表 2–11。

表 2-11　发文呈批表

签 发：	分管领导审核：
拟稿单位：	核稿人：
文件编号：	拟稿人：
打印份数：　　　　　　份	
文件标题：	
附件：	
主送： 抄送：	
备注：	

6. 文件发行记录表

见表 2-12。

表 2-12　文件发行记录表

技术文件发放														
序号	发行日期	文件编号	名称	份数	接收部门									备注
					采购部	品质部	生产部	财务部	仓储部	销售部	工程部	接收人	接收日期	
1														
2														
3														
4														
5														
6														

2.2.2 印信管理报表与模板

印信管理分为 6 个部分内容，如图 2–5 所示。

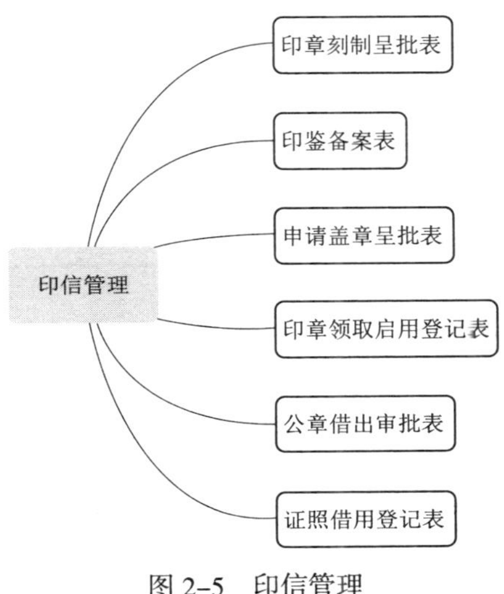

图 2–5　印信管理

1. 印章刻制呈批表

见表 2–13。

表 2–13　印章刻制呈批表

申请部门		申请人	
申请日期		印章数量	
印章形状		印章类别	
印章名称：			
申请理由：			

申请部门负责人：

申请单位负责人：

刻制单位审批人：

刻制单位负责人：

2. 印鉴备案表

见表2–14。

表2–14　印鉴备案表

公章（备案）	合同专用章（备案）
财务专用章（备案）	法人名章（备案）

＿＿＿＿章（备案）	＿＿＿＿章（备案）

注：此表一式一份由印鉴刻制部门留印模备案。
印章管理员：＿＿＿＿＿＿

单位负责人确认：＿＿＿＿＿＿

日期：　　年　　月　　日

3. 申请盖章呈批表

见表 2-15。

表 2-15　申请盖章呈批表

部门：	日期：	数量：
事由：		
印章名称：		
备注：		

注：此表一式一份送印鉴管理员留存。

申请人：＿＿＿＿＿＿　申请单位负责人：＿＿＿＿＿＿

行政部：＿＿＿＿＿＿　总经理：＿＿＿＿＿＿

4. 印章领取启用登记表

见表 2–16。

表 2–16　印章领取启用登记表

申领部门：	印章管理员：
印章种类：	印章数量：
印章名称：	
印模：	
备注：	

注：此表一式一份由印鉴刻制部门留印模备案。
领用人：

领用单位负责人：

行政部：

总经理：

5. 公章借出审批表

见表 2-17。

表 2-17　公章借出审批表　　　　编 号：

<table>
<tr><td colspan="2">印章名称（须写明公司名称）</td><td colspan="3"></td></tr>
<tr><td>申请人</td><td colspan="2"></td><td>部 门</td><td></td></tr>
<tr><td colspan="2">计划使用时间</td><td colspan="3">____ 年 ____ 月 ____ 日 ____ 时至 ____ 年 ____ 月 ____ 日 ____ 时</td></tr>
<tr><td colspan="5">借出理由描述：</td></tr>
<tr><td colspan="5">部门经理意见：
签字：　　日期：</td></tr>
<tr><td colspan="5">主管副总意见：
签字：　　日期：</td></tr>
<tr><td colspan="5">总经理意见：
签字：　　日期：</td></tr>
<tr><td colspan="5">印章管理
印章领出：
本人已借印章并承诺及时归还，如造成印章损坏、丢失及使用不当，须承担一切经济损失乃至法律责任。
签字：　　日期：</td></tr>
<tr><td colspan="5">归还印章：
已收回印章，状态：□完好　□损坏
签字：　　日期：</td></tr>
</table>

填写说明：

1. 编号由档案管理员填写。
2. 如主管副总兼任部门经理，则部门经理由申请人上级主管领导签字审批。

6. 证照借用登记表

见表 2–18。

表 2–18　证照借用登记表

借用日期	单位 / 部门	事由	证照名称	数量	借用人	交还日期	交还人	备注

2.2.3　档案管理表格与模板

如图 2–6 所示，档案管理主要涉及 4 个方面。

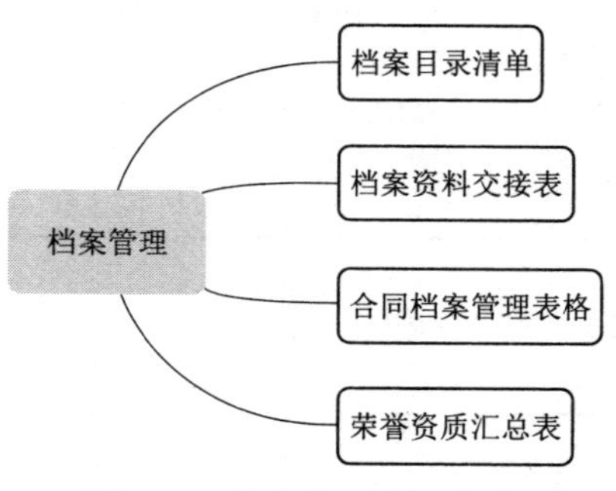

图 2–6　档案管理主要内容

1. 档案目录清单

见表 2–19。

表 2–19　档案目录清单

部门名称:　　　　　　　　目录号:　　　　　　　　日期:____年____月____日

序号	文件编号	文件名	下发部门	存档日期	页数	备注
1						
2						
3						
4						
5						
6						
7						
8						
9						
10						
11						
12						
13						
14						
15						
16						
17						
18						
19						
20						
21						
22						
23						
24						

2. 档案资料交接表

见表 2-20。

表 2-20　档案资料交接表

日期	文件内容	移交人	接收人	备注

3. 合同管理台账

见表 2-21。

表 2-21　合同管理台账

登记日期	合同编号	合同名称	合同当事人		合同金额	合同期限	签订时间	页数	附件情况	存档份数	备注
			甲方	乙方							

4. 荣誉资质汇总表

见表 2-22。

表 2-22　荣誉资质汇总表

档案编号	证书荣誉类	获奖单位	获奖内容	奖项关键词	说明	颁发级别	颁发单位	颁发时间	备注	形态	存放地

2.2.4　资产管理表格与模板

资产管理涉及的表格与模板分为不动产和固定资产两大类，见图 2–7。

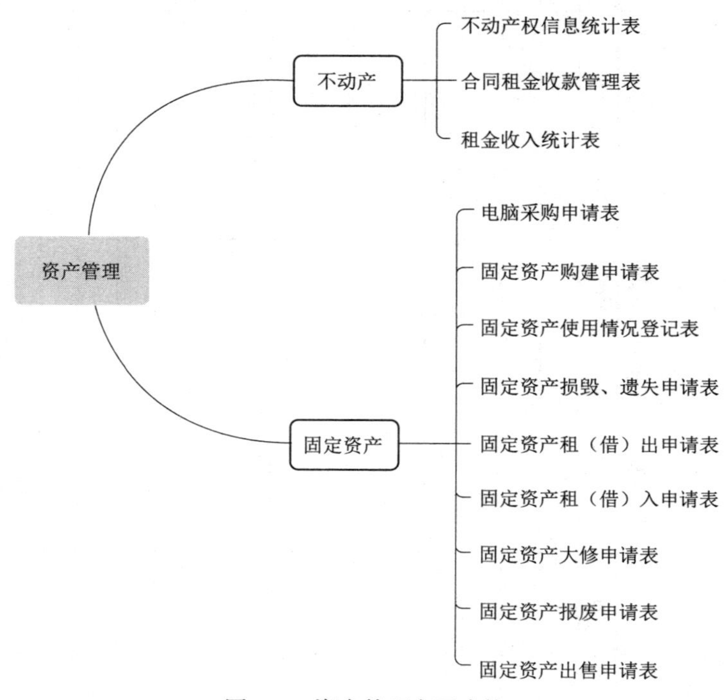

图 2–7　资产管理主要表格

1. 不动产权信息统计表

见表 2–23。

表 2-23　不动产权信息统计表

序号	楼盘名	具体房号（建筑物名称）	物业类型	建筑面积（平方米）	产权人	权证编号	发证日期	预留登记人	使用现状	抵押情况	房产管理单位	备注

2. 合同租金收款管理表

见表2–24。

表2–24　合同租金收款管理表

序号	合同编号	合同签订日期	合同开始日期	合同结束日期	付款方式	合同保证金金额（元）	租金是否递增	合同金额（元）	应收款日期	提醒	已收款	收款日期	备注

3. 租金收入统计表

见表 2-25。

表 2-25　租金收入统计表

房号	月份												
	一月	二月	三月	四月	五月	六月	七月	八月	九月	十月	十一月	十二月	总计

4. 电脑采购申请表

见表 2–26。

表 2–26 电脑采购申请表

使用单位 / 部门：________　　　　报送日期：　年　月　日

<table>
<tr><td>类 型</td><td>数 量（台）</td><td colspan="2">使用人员职位</td><td colspan="2">使用人员姓名</td><td>备注</td></tr>
<tr><td>台式机</td><td></td><td colspan="2"></td><td colspan="2"></td><td></td></tr>
<tr><td>笔记本</td><td></td><td colspan="2"></td><td colspan="2"></td><td></td></tr>
<tr><td>申购说明</td><td colspan="6">是否已配置电脑 ________ 原电脑固资编号：________
原电脑状态：□待报废 □已报废 □继续使用 其他 ________
申购原因及相关说明：________
________</td></tr>
<tr><td>应用软件
及其他需求</td><td colspan="6">□ DVD 刻录机　　　显示器尺寸：________
应用软件：________</td></tr>
<tr><td rowspan="2">情况
说明</td><td>部门台式机累计</td><td colspan="2"></td><td rowspan="2">部门在编
人　数</td><td colspan="2" rowspan="2"></td></tr>
<tr><td>部门笔记本累计</td><td colspan="2"></td></tr>
<tr><td rowspan="2">公司意见</td><td>行政部负责人</td><td colspan="4">信息部负责人</td><td>总经理</td></tr>
<tr><td></td><td colspan="4"></td><td></td></tr>
<tr><td>安排
采购</td><td colspan="6"></td></tr>
</table>

5. 固定资产购建申请表

见表 2–27。

表 2–27 固定资产购建申请表

申请单位：　　　　　　　　　　　　　　　　　申报日期：

单位金额：　　元

序号	资产名称	规格型号	计量单位	单价	数量	金额	主要用途	使用部门原有数量	预计到货日期	备注
申购类型：□生产性固资 □非生产性固资				合计金额：						
使用部门负责人：						行政部门负责人：				
财务部门负责人：						公司负责人：				

6. 固定资产使用情况登记表

见表 2–28。

表 2–28 固定资产使用情况登记表

序号	资产编码	资产名称	型号	存放地点	原值原币	净值	使用人 / 责任人	报损情况	签名

7. 固定资产损毁、遗失申请表

见表 2-29。

表 2-29　固定资产损毁、遗失申请表

使用单位：　　　　　　　　　　　　　　　　　　　　　　　日期：　年　月　日

金额：　　　　元

序号	统一编号	资产名称	规格型号	账面原值	账面净值	赔偿比例（%）	规定赔偿金额	赔偿人	情况说明

使用部门负责人：　　　　　　　　　　　　行政部门负责人：

财务部门负责人：　　　　　　　　　　　　公司负责人：

8. 固定资产租（借）出申请表

见表 2-30。

表 2-30　固定资产租（借）出申请表

使用单位：　　　　　　　　　　　　　　　　　　　　　　　日期：　　年　月　日

金额：　　　　元

序号	统一编号	资产名称	规格型号	租（借）原因	租金标准	预计使用时间	备 注

使用部门负责人：　　　　　　　　　　　　行政部门负责人：

财务部门负责人：　　　　　　　　　　　　公司负责人：

9. 固定资产租（借）入申请表

见表 2-31。

表 2-31　固定资产租（借）入申请表

使用单位：　　　　　　　　　　　　　　　日期：　　年　月　日
金额：　　　　元

序号	资产名称	规格型号	数量	单位价值	租（借）入原因	租金标准	预计使用时间	备 注

使用部门负责人：　　　　　　　　　　　　行政部门负责人：

财务部门负责人：　　　　　　　　　　　　公司负责人：

10. 固定资产大修申请表

见表 2-32。

表 2-32　固定资产大修理申请表

使用单位：　　　　　　　　　　　　　　　日期：　　年　月　日
金额（元）：

序号	统一编号	资产名称	规格型号	账面原值	账面净值	大修理原因	预计修理费用	维修单位	责任人	备 注

使用部门负责人：　　　　　　　　　　　　行政部门负责人：

财务部门负责人：　　　　　　　　　　　　公司负责人：

11. 固定资产报废申请表

见表 2–33。

表 2–33　固定资产报废申请表

使用单位：　　　　　　　　　　　　　　　　　　　　日期：　　年　月　日
金额：　　　　元

序号	统一编号	资产名称	规格型号	报废原因	账面原值	账面净值	责任人

使用部门负责人：　　　　　　　　　　　　行政部门负责人：

财务部门负责人：　　　　　　　　　　　　公司负责人：

12. 固定资产出售申请表

见表 2–34。

表 2–34　固定资产出售申请表

使用单位：　　　　　　　　　　　　　　　　　　　　日期：　　年　月　日
金额：　　　　元

序号	统一编号	资产名称	规格型号	出售原因	预计出售价格	账面原值	账面净值	备注

使用部门负责人：　　　　　　　　　　　　行政部门负责人：

财务部门负责人：　　　　　　　　　　　　公司负责人：

2.2.5　车辆管理表格与模板

如图 2–8 所示，车辆管理类表格与模板有 7 种。

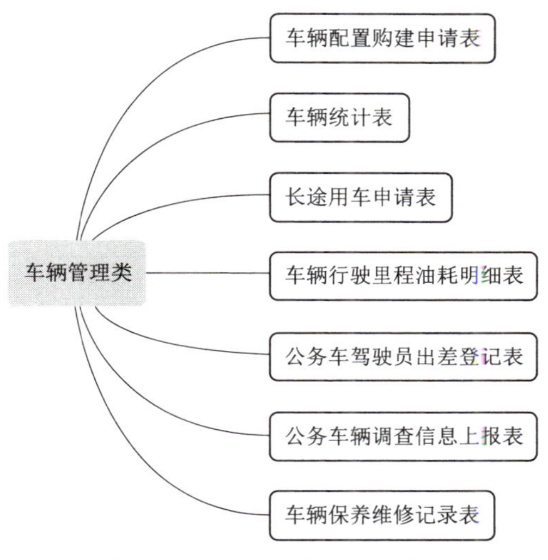

图 2–8　车辆管理类表格与模块

1. 车辆配置购建申请表

见表 2–35。

表 2–35　车辆配置购建申请表

申请单位：　　　　日期：　年　月　日

需求单位填写区域					
申请人 / 申请部门		职务 / 主要用途		任职时间	
申购车辆原因					

续上表

<table>
<tr><td>原车辆
配置情况</td><td colspan="4">□无 □有。原车牌号码：________________车辆类型：________
车辆品牌：________________________购置年月：________所有人（行驶证信息）：________________累计行驶公里数：______km
原车辆处理意向：□已报废，交公司统一处理。□可继续使用，交公司统一处理。
□可继续使用，建议移交给________________________部门/单位使用。</td></tr>
<tr><td>车辆申购
配置类型</td><td colspan="4">□越野车（城市外建设项目等）□ SUV（城市建设项目等）□轿车
□商务车□生产用车</td></tr>
<tr><td colspan="5">申请单位审批意见</td></tr>
<tr><td colspan="5"></td></tr>
<tr><td colspan="5">总部公司填写区域</td></tr>
<tr><td colspan="5">建议配置车型情况</td></tr>
<tr><td>车型配置</td><td colspan="4"></td></tr>
<tr><td>参考价</td><td colspan="2"></td><td>行政部</td><td></td></tr>
<tr><td colspan="2">人力部</td><td>行政部</td><td colspan="2">总经理</td></tr>
<tr><td colspan="2"></td><td></td><td colspan="2"></td></tr>
<tr><td>董事长</td><td colspan="4"></td></tr>
<tr><td>安排采购</td><td colspan="4"></td></tr>
</table>

2. 车辆统计表

见表 2–36。

表 2–36　车辆统计表

单位：　　　　　　联系人：　　　　　　电话：　　　　　　日期：

序号	车牌号码	品牌	车型	资产性质	登记日期	所有人（行驶证信息）	单位	部门	使用人	职务	主要用途	备注

3. 长途用车申请表

见表 2-37。

表 2-37　长途用车申请表

年　月　日

申请单位		申请人	
前往地点		用车事由	
用车类型		用车人数	
预计往返日期	年　月　日　时　至　年　月　日　时		
使用单位负责人 签名：		行政部 签名：	
用车情况			
车牌号码		驾驶员	
实际往返日期	年　月　日　时　至　年　月　日　时		

4. 车辆行驶里程油耗明细表

见表 2-38。

表 2-38　车辆行驶里程油耗明细表

序号	加油日期	车牌号码	驾驶员	加油者	公里表码	加油升数	金额	合计金额	备注

制表人：

5. 公务车驾驶员出差登记表

见表 2–39。

表 2–39　公务车驾驶员出差登记表

序号	驾驶员	车牌	出车日期及时间	返回日期及时间	目的地	乘车人 / 单位	备注

6. 公务车辆调查信息上报表

见表 2–40。

表 2–40　公务车辆调查信息上报表

车辆基本信息												车辆使用情况		
车辆状态	车牌号码	车辆类型	品牌型号	注册日期	车辆原值（万元）	核载人数（人）	发动机排量（L）	行驶里程数（万）	是否大修（大修项目）	车辆所有人	车辆管理员	使用人及单位	车辆配置原因	车辆使用用途

填表说明：

1. 车辆状态包括正常使用，未报废已闲置，已报废仍使用；
2. 车辆类型包括轿车、商务车、越野车、人货车、皮卡、中巴、大巴及其他，下拉框选择；
3. 车辆如有大修记录，须列举大修主要项目；
4. 车辆所有人填写机动车行驶证上“所有人”信息；
5. 本表请以公司为单位填报，并由各成员单位汇总后报送至集团行政管理中心。

7. 车辆保养维修记录表

见表 2–41。

表 2–41　车辆保养维修记录表

序号	日期	车牌号	车辆品牌 / 名称	保养维修地点	保养维修事项说明	经办人	费用	备注
1								
2								
3								
4								
5								
6								
7								

2.2.6　后勤管理表格与模板

如图 2–9 所示为后勤管理的内容。

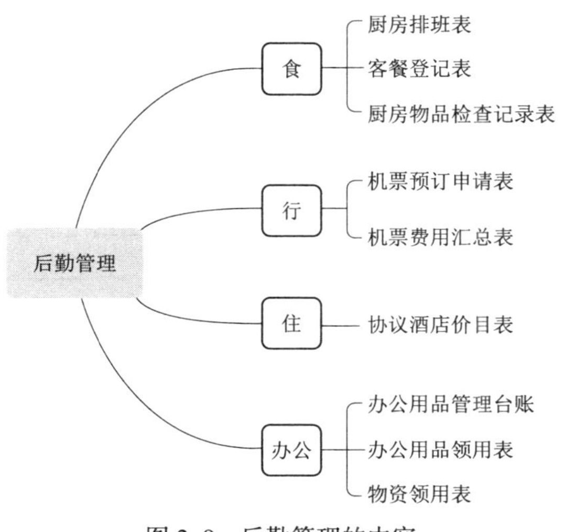

图 2–9　后勤管理的内容

1. 厨房排班表

见表2–42。

表2–42　厨房排班表

班组：　　　　　　　　　　　　　_____年____月____日至_____年____月____日

日期 / 姓名	周一	周二	周三	周四	周五	周六	周日	备 注
	月 日	月 日	月 日	月 日	月 日	月 日	月 日	

批准人：　　　　　　　　　　　　　　　　　　　　　　　　　　　　　制表人：

2. 客餐登记表

见表2–43。

表2–43　客餐登记表

日期	姓名 / 职务	用餐人数 / 用餐时间			备注
		早餐	中餐	晚餐	

3. 厨房物品检查记录表

见表 2-44。

表 2-44　厨房物品检查记录表

项目	序号	物品	检查标准	分数	得分	备注
凉菜	1	保洁柜	内外保持干净，物品摆放整齐，有责任标识	10		
	2	冰箱	外观洁净光亮，密封圈无积垢，冰箱上无杂物	10		
	3	口罩	员工操作时必须戴口罩，口罩定点存放	10		
	4	案台		10		
	5	货架		10		
	6	食品盒		10		
	7	水池		10		
	8	用具		10		
	9	餐具		10		
	10	抹布		10		
				合计：		
炉头	1	烟道		20		
	2	用具		20		
	3	打荷台		20		
	4	调料		20		
	5	餐盘		20		
				合计：		

4. 机票预订申请表

见表 2–45。

表 2–45　机票预订申请表

申请单位		申请人		手机号码	
出差事由					
乘机人信息					
同行乘机人最高职级	□ 部门负责人级别（含）以上人员　□ 部门负责人级别以下人员				
姓名	身份证号码	出发地	目的地	出发时间	

申请单位 / 中心负责人：

中心分管领导：

行政部负责人：

总经理：

5. 机票费用汇总表

见表 2–46。

表 2–46　机票费用汇总表

序号	姓名	航程	航班日期	票价	保险	退改票费用	金额合计	费用归属	订票人

6. 协议酒店价目表

见表 2-47。

表 2-47 协议酒店价目表

城市	酒店名称	星级	地址	酒店订房联系人	电话	房型价格					
						房型	门市价格	协议优惠价（不含早餐）	包含一人份早餐	包含两人份早餐	备注

7. 办公用品管理台账

见表 2–48。

表 2–48　办公用品管理台账

序号	物品名称	购买时间	数量	领用人	领用时间	数量	节余库存	备注
1								
2								
3								
4								
5								
6								
7								
8								
9								
10								

8. 办公用品领用表

见表 2–49。

表 2–49　办公用品领用表

日期	物品名称	单位	数量	部 门	领用人	备 注

9. 物资领用表

见表 2–50。

表 2–50　物资领用表

序号	单位	领取人	领用物资	物资规格	数量 / 单位	领取时间	领取人签字	备注

2.2.7　外协管理表格与模板

如图 2–10 所示为外协管理的内容。

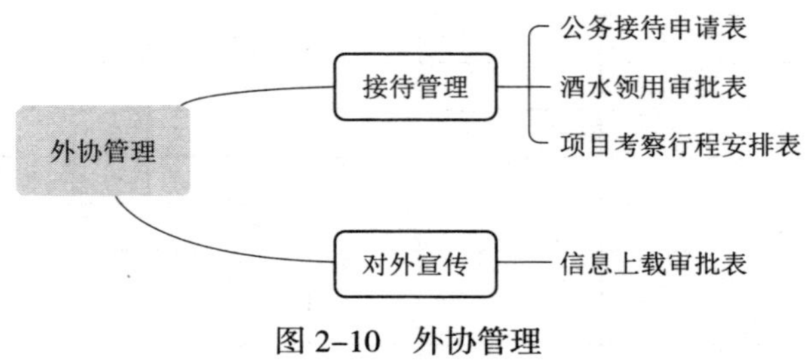

图 2–10　外协管理

1. 公务接待申请表

见表 2–51。

表 2–51　公务接待申请表

<table>
<tr><td>申请单位</td><td colspan="2"></td><td>申请人</td><td></td><td>申请日期</td><td colspan="3"></td></tr>
<tr><td>接待对象</td><td colspan="8">来访单位：
来访事由：□交流　□调研　□考察　□会议　□其他：________
来访人数：
主要人员及职务：
预计天数：
其他说明：</td></tr>
<tr><td colspan="2">接待标准</td><td colspan="7">一级 □　　二级 □　　三级 □　　四级 □</td></tr>
<tr><td rowspan="2">住宿安排</td><td>酒店名称</td><td colspan="7"></td></tr>
<tr><td>房间类型</td><td></td><td>数量</td><td></td><td>入住时间</td><td></td><td>退房时间</td><td></td></tr>
<tr><td colspan="2">公务车安排</td><td colspan="7">短途用车 □　　长途用车 □　　外租中巴 □</td></tr>
<tr><td colspan="2">会议室安排</td><td colspan="3">是 □　　否 □</td><td>其他要求</td><td colspan="3"></td></tr>
<tr><td colspan="2">用餐安排</td><td colspan="3">食堂用餐 □　外部用餐 □</td><td>其他要求</td><td colspan="3"></td></tr>
<tr><td>费用预算</td><td colspan="8"></td></tr>
<tr><td colspan="2">接待主办单位负责人</td><td colspan="4">行政部负责人</td><td colspan="3">总经理</td></tr>
<tr><td colspan="2"></td><td colspan="4"></td><td colspan="3"></td></tr>
</table>

备注：请在申请表相应空格□中打“√”选项。

2. 酒水领用审批表

见表 2–52。

表 2–52　酒水领用审批表

领用单位		领用人	
品种及规格		数量（瓶）	
用途		领取单位负责人	
行政部负责人		总经理	

3. 项目考察行程安排表

见表 2–53。

表 2–53　项目考察行程安排表

日期：

时间	事件	用时	参与人员	备注	对接人	地点	地址
午餐							
住宿安排：×× 酒店　地址：							

4. 信息上载审批表

见表 2–54。

表 2–54　信息上载审批表

单位 / 部门		经办人	
信息题目			
信息简要内容			
上载位置	□官网 □ OA □微信官方公众号 □官方微博 □其他官方自媒体		
单位负责人意见	年　　月　　日		
行政部意见	年　　月　　日		
总经理意见	年　　月　　日		
上载记录	上载授权人：　　　　日期：		
备注			

2.2.8 其他管理表格与模板

如图 2–11 所示还有其他一些管理表格与模板。

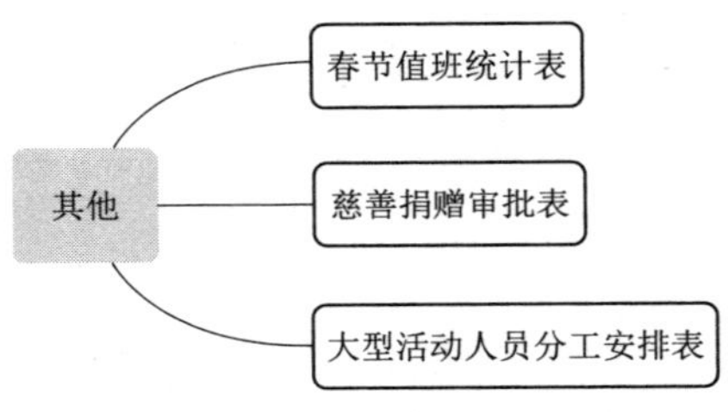

图 2–11 其他管理表格与模板

1. 春节值班统计表

见表 2–55。

表 2–55 春节值班统计表

值班人员 / 项目	公历日期（农历日期）	公历日期（农历日期）	公历日期（农历日期）	公历日期（农历日期）	公历日期（农历日期）	公历日期（农历日期）

说明：分公司总值班：指总经理室成员；

各项目：需安排一人为值班经理人，负责放假期间的工作管理。

制表： 审核： 审批：

2. 慈善捐赠审批表

见表 2–56。

表 2–56　慈善捐赠审批表

发起单位 / 部门：　　　　申请日期：　年　月　日

项目情况说明			
金额（元）		付款单位	
接收款项单位		对口政府部门 / 单位	
发起单位负责人意见			
行政部意见			
总经理意见			
董事长意见			

3. 大型活动人员分工安排表

见表 2–57。

表 2–57　大型活动人员分工安排表

活动名称：　　　　　　　　　　　　　　　　　　活动总负责：

<table>
<tr><th>阶段</th><th>项目</th><th>责任人</th><th>联系电话</th><th>项目</th><th>责任人</th><th>联系电话</th></tr>
<tr><td rowspan="9">前期准备</td><td>拟定活动方案</td><td></td><td></td><td>申请场地</td><td></td><td></td></tr>
<tr><td>活动人员请假</td><td></td><td></td><td>系部联络</td><td></td><td></td></tr>
<tr><td>海报宣传</td><td></td><td></td><td>广播宣传</td><td></td><td></td></tr>
<tr><td>评委邀请</td><td></td><td></td><td>嘉宾邀请</td><td></td><td></td></tr>
<tr><td>主持人</td><td></td><td></td><td>礼仪引导</td><td></td><td></td></tr>
<tr><td>节目审核</td><td></td><td></td><td>竞赛内容收集准备</td><td></td><td></td></tr>
<tr><td>赞助经费</td><td></td><td></td><td>奖品、礼品证书准备</td><td></td><td></td></tr>
<tr><td>服装准备</td><td></td><td></td><td>道具准备</td><td></td><td></td></tr>
<tr><td>演练彩排 / 复赛</td><td></td><td></td><td></td><td></td><td></td></tr>
<tr><td rowspan="6">活动现场</td><td>场地布置</td><td></td><td></td><td>座位安排</td><td></td><td></td></tr>
<tr><td>音响灯光</td><td></td><td></td><td>仪器设备</td><td></td><td></td></tr>
<tr><td>摄影人员</td><td></td><td></td><td>摄像人员</td><td></td><td></td></tr>
<tr><td>饮水准备</td><td></td><td></td><td>证书、奖品发放（礼仪）</td><td></td><td></td></tr>
<tr><td>计分人员</td><td></td><td></td><td>现场、场外秩序维护</td><td></td><td></td></tr>
<tr><td>卫生清扫</td><td></td><td></td><td>机动人员</td><td></td><td></td></tr>
<tr><td rowspan="4">后期工作</td><td>归还道具</td><td></td><td></td><td>归还服装</td><td></td><td></td></tr>
<tr><td>撰写新闻</td><td></td><td></td><td>拷贝照片</td><td></td><td></td></tr>
<tr><td>海报宣传</td><td></td><td></td><td>广播宣传</td><td></td><td></td></tr>
<tr><td>汇总资料</td><td></td><td></td><td>上交资料</td><td></td><td></td></tr>
</table>

备注：

1. 以上项目非所有活动必须环节。
2. 分工安排只填写项目负责人姓名和电话。
3. 每个项目可设置成员，成员名单由责任人负责，成员为项目具体实施者。
4. 若活动没有的环节，该项目请留白。

第 3 章 >>>>>>

企业行政管理思维与工具

3.1 行政管理思维

清晰、明确的工作职责和定位，是做好工作的前提和基础。作为企业的行政管理人员，需要明确行政部门在公司整体业务价值链所处的位置及作用，才能更加有的放矢地开展工作。行政部门不是企业的利润创造部门，却是企业的效率中心、协调中心，所以，企业行政管理人员要树立服务思维、协调思维、备战思维及效率思维，这是做好行政管理工作的四大基石。

3.1.1 服务思维

对于企业来说，各部门的设置按照“前台”“中台”“后台”来区分，但无论任何行业，行政管理工作总是处于“后台”职能，虽然不是企业的利润中心，却是维系企业高效运转的重要职能部门。

所以，对于企业的行政管理人员而言，需要秉承一颗“勿以善小而不为”的初心，在做好印鉴管理、固定资产管理等日常基础工作时，要从大局出发，不要认为所做的工作微不足道，没办法为公司创造效益，其实一个企业的行政管理水平，往往体现了企业的整体管理水平。

案例 1：

在资产盘点时，更加全面地盘点资产，对于冗余资产及时回收、再利用，减少重复购买，节省下来的成本，就是行政管理部门为企业创造的效益。

案例 2：

一个企业办公场地的整体管理水平、后勤管理服务水平，能给来访者认识企业最直接的印象，比如干净整洁的卫生间、彬彬有礼的物业客服人员，都是企业综合管理水平最直接的体现。

案例 3：

公司名下的房产、物业等不动产资料，一般都是由行政管理部门负责妥善保管。根据企业经营需要，财务部门往往需要利用相关房产做抵押贷款手续，在抵押贷款的审批过程中，行政管理部门需要配合财务部门的融资进度，做好资产的现场查看、证照办理、开具手续证明等事项，都体现了行政部门工作的服务性质。

3.1.2　协调思维

行政管理部门的工作，就好像我们身边的“空气”，存在时感受不到它的重要性，如果缺少则会令企业运转不灵。在企业的日常工作中，行政管理部门往往会参与到很多项目中，但是在项目中却不是承担最核心的作用，这就要求行政管理人员有良好的沟通协调、跨部门项目管理的能力。

案例 1：

在公司内部组织一次公司范围的资产清查工作，因为行政管理部门是资产的管理部门，往往需要由行政管理部门牵头，召集财务部门、信息技术部门等多方一起参与，财务部门负责账目盘点，信息技术部门负责技术支撑。在这个过程中，行政部门就发挥了重要的作用。

案例 2：

在应对企业的突发事件时，行政部门往往也是第一个出面协调的部门。笔者最近就协调处置了一起业主对集团公司下属的物业公司的上访事件。作为协调人，笔者首先需要稳住来访者激动的情绪，同时协调物业公司的领导，了解情况、及时沟通，并在物业公司领导到位后一同与来访者协商处理，最终妥善解决了这起事件。

除了做好企业内部协调之外，对外的公共关系维系及处理，也是行政管理人员需要掌握的重要能力，因各家企业面对的外部关系不尽相同，这里就不加以具体阐述。

3.1.3 时刻准备思维

行政类工作涉及面广、多、杂，往往需要处理大量的基础数据，功夫在于日常，见效在于关键时刻。召之即来、来之能战、战之必胜，这就是所谓的行政管理工作应有的效率。

案例 1：

车辆管理，对于大型集团来说，公务车辆多达数百台，要及时做好所有公务车辆的台账管理，如发动机号、排量、使用人登记、公里数等情况，只有做好了这些基础工作，在需要进行统计分析、撰写分析报告时才不会手忙脚乱，才会更加高效。

案例 2：

证照管理，行政职能部门负责保管公司及股东重要的证件，在证件日常的保管中，需要及时建立台账，对所有的证照进行扫描登记，在需要调取有关证件时就可以及时、高效地取用。

3.1.4　效率思维

笔者和很多行政人员交流过，大家反馈的意见大多数是工作一天做了很多工作，但是要总结却发现没有什么可以写，时间就好像手中的沙子，不经意间就溜走。这关键就在于工作上缺乏明确的目标，以及科学的时间管理方法。

这就需要我们建立起以下两种意识。

一是树立明确的目标：凡事预则立，不预则废。

一名高效的行政管理人员，每天的工作，都要有明确的目标，要完成什么任务，接下来推进什么工作节点，要有具体、清晰的规划。要及时做好月度工作总结及计划、每周工作总结及计划，以及每日工作总结及计划。每天工作前，提前思考并计划好第二天需要做的工作，在一天工作开始时就高效率地执行。

二是擅于运用科学的时间管理方法。

掌握并运用一些科学的时间管理工具和思维（见图 3–1），可以帮助自己提升工作效率，内容如下。

图 3–1　科学的时间管理方法

（1）番茄工作法：番茄工作法是意大利人弗朗西斯科・西里洛在 20 世纪 90 年代发明的一种时间管理工具，集中 45 分钟至 1 个小时的时间进行脑力劳动的工作，如写作、项目整理及思考；利用碎片时间回复微信、邮件、沟通的临时工作；将每天最重要的工作安排在早晨最清醒的时间段，可以大大提高工作效率。

以笔者目前的工作习惯举例。

需要用到两个工具：计时器和今日待办任务清单。

- 每天早晨，笔者会把今天要做的主要工作列举出来，按照重要紧急程度进行排序，不要觉得这个动作会浪费时间，对时间的重视和规划，反而会帮你节省大量的时间。

- 正式工作中，笔者会把最重要的工作安排在每天上午精力最好的时间段，笔者给自己买了一个桌面倒计时工具，并设置了 45 分钟的倒计时，每 45 分钟休息 10 分钟。在这 45 分钟内，笔者会关掉微信、办公即时软件，并远离手机，避免干扰。

● 45 分钟的工作番茄时间结束后，笔者会给自己留 10 分钟的休息和整理时间，这 10 分钟，一般是会到户外散步、深蹲，回复电话和微信，给自己充满电后，继续投入下一个番茄的工作。

（2）即刻行动的思维："你想什么时候开始?"这个问题，所有的行政管理人员都应该每天问自己，可以现在完成的事情，就不要等到下一刻，可以今日解决的事情，就今天完成。行政工作琐碎，越是琐碎，越应该及时清理掉这些琐碎的事情，把大量的时间留给重要的事情。这里分享几个很有用的法则。

● 2 分钟法则：一个事项，如果 2 分钟之内就可以解决的，就立刻去完成，不要拖延，否则你会很容易忘记。

● 学会说不：这个世界大家都很忙，每个人的时间都很宝贵，其他人总想要"占据"你的时间来完成他的目标，所以要学会评估每件事情是否和你的目标紧密相关，如果和你的终极目标没有太大关系，要学会说"不"，学会"保护"自己的时间。

3.2　企业行政管理工具

工欲善其事，必先利其器。现代人和原始人最大的进化就是现代人会使用工具，作为一名对自我有严格要求、不断追求进步的行政工作者，了解并熟练掌握一系列有利于提升工作效率和工作业绩的工具就显得尤为重要。

那么，企业行政管理人员日常工作中的好工具有哪些呢？下面具体介绍。

3.2.1 坚果云——云文件存储，随时随地编辑更新

应用场景：现在的任何一项工作都离不开电脑，有时候因为工作时间内无法完成，需要把文件拷贝到家里继续工作，简单的方式是使用U盘进行存储和拷贝，但是因为U盘容量有限、无法整体拷贝全部的文件。针对这种情况，可以考虑使用网络云存储的工具：坚果云，实现文件在多终端的实时存储。坚果云是一款适用于多终端实时文件保存及编辑的工具。比如，你在公司编辑的Word文档，通过上传到坚果云云盘，打开家中的电脑，也是实时的进度，方便在不同的终端进行编辑和使用。

使用界面见图3–2。

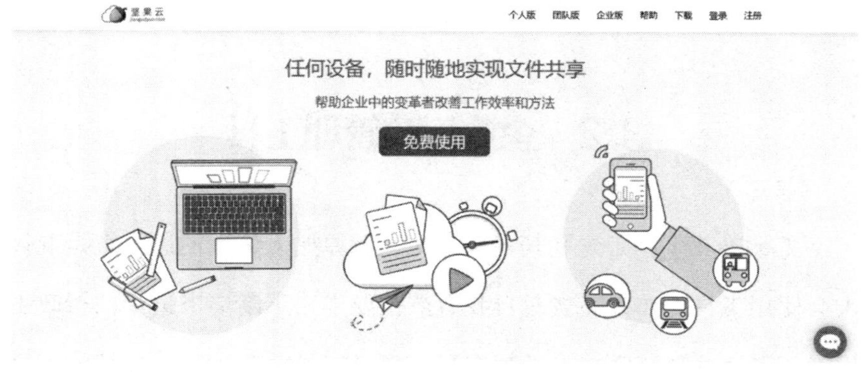

图3–2　坚果云

①登录其官网下载客户端，安装到需要同步资料的电脑终端。

②将需要实时同步的文件夹设置为使用坚果云软件同步。

③根据需要，可以使用手机端作为同步终端（不会将所有文件都下载到手机上，只会下载列表，需要下载该文件时才选择下载）。

④软件免费使用，如果超出月度上传流量限制，才需要付费。

3.2.2　印象笔记——管理你的大脑

印象笔记网站首页，见图 3-3。

图 3-3　印象笔记

应用场景：好记性不如烂笔头。印象笔记是一个经典的互联网工作笔记本，多层级的笔记本逻辑可以让你的整个工作文件体系更加清晰，通过使用标签，可以对文件进行快速的归类，方便快速检索。

核心逻辑：包括笔记本组笔记本、笔记，如“行政管理”可以作为一个笔记本组；在笔记本组下一级，分设“会务文秘”“工商管理”“印信管理”等行政管理的具体模块为名目的单独的笔记本；最后，将属于该类别的具体文件、图片等资料，以笔记的形式存放于内，见图3–4。

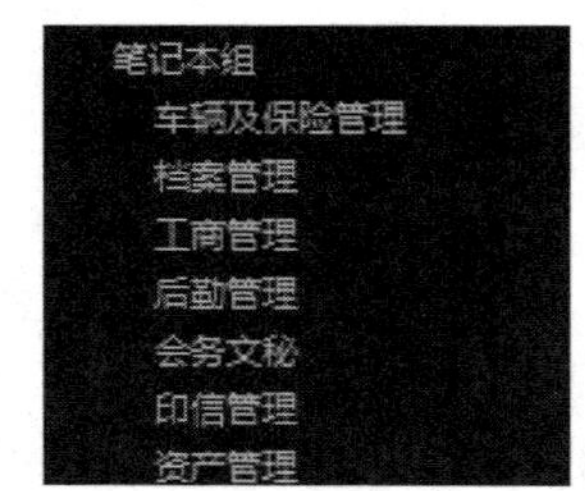

图3–4　笔记本组、笔记本、笔记

使用方法如下。

①以“行政管理”新建笔记本组。

②在“行政管理”的笔记本组，以具体的工作模块建立对应的笔记本，如固定资产笔记本、后勤管理笔记本等。

③在对应的笔记本层级下，根据需要建立对应的笔记，比如一份重要的文档可以作为一个笔记，一次固定资产盘点的工作可以作为一个笔记。

④经过上述步骤，就可以建立对应的“笔记本组、笔记本、笔记”的三层级逻辑关系，让你的文档和思路更加井井有条。

3.2.3　幕布——让你的思维可视化

应用场景：幕布是一款简单实用的思维辅助工具，能够帮助使用者们在方案整理、项目介绍和文章写作时提前准备好整体框架及逻辑结构，将头脑中碎片化的信息、思路做记录并进行层次化布局，使日常职场工作更加高效。

举个例子，需要向领导汇报公司食堂改革方案，方案中需要包含目的、范围、改革思路、改革措施、优劣势分析等几个部分，每一部分需要具体再根据案例及数据加以说明，那么可以通过幕布的极简大纲笔记功能快速记录，大纲笔记功能可以实现观点的层次化布局（见图 3–5）。

食堂改革

- 目的：降低成本
- 方式：货币化补贴、食堂整体外包、公司补贴+个人支付费用
- 取消员工餐设置，货币化补贴：
  - 取消食堂供餐，将公司的伙食补贴（14元/人/天）以工资形式发放至员工个人，按照大厦职员工200人测算，每月需支出用餐补贴为200人×14元/人/天×30天=8.4万元
  - 综合用餐成本分析，人均用餐成本33元
  - 现状：按照每人每天14元标准发放餐补，成本对比
  - 未来：取消食堂供餐可节省成本×元（装修成本及费用、食堂设备投入），增收（占用车位面积、个数）×元，后续在纯办公单位推广实行
  - 优劣势对比：
    - 优势：固定成本支出，食堂基本运营成本比现有月均成本11.7万元下降28%。体现公平原则，全员享受同等福利补贴。减少司机误餐补贴和员工外出办事误餐补贴
    - 劣势：按照周边物价水平，14元餐补仅能满足员工单一餐的基本需求，对住宿舍员工、外地员工造成较大影响，员工福利感较差；另外，餐补通过工资发放，可能额外增加员工工资扣税成本

图 3–5　大纲笔记模式

当我们需要向领导口头汇报时，可以通过一键转化思维导图模式，使用演示模式进行汇报（见图 3–6）。

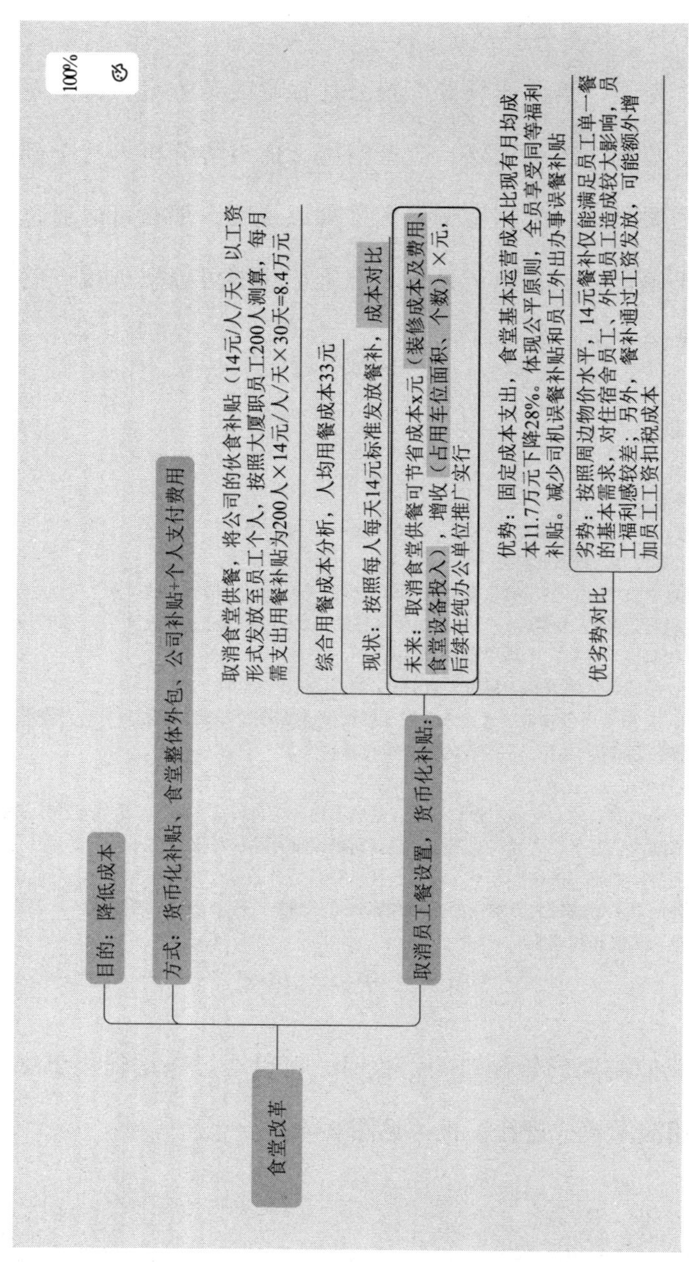
100%
食堂改革
目的：降低成本
方式：货币化补贴、食堂整体外包、公司补贴+个人支付费用
取消食堂供餐，将公司的伙食补贴（14元/人/天）以工资形式发放至员工个人，按照大厦职员工200人测算，每月需支出用餐补贴为200人×14元/人/天×30天=8.4万元
取消员工餐设置，货币化补贴：
综合用餐成本分析，人均用餐成本33元
现状：按照每人每天14元标准发放餐补，成本对比
未来：取消食堂供餐可节省成本x元（装修成本及费用、食堂设备投入），增收（占用车位面积、个数）×元，后续在纯办公单位推广实行
优劣势对比
优势：固定成本支出，食堂基本运营成本比现有月均成本11.7万元下降28%。体现公平原则，全员享受同等福利补贴。减少司机误餐补贴和员工外出办事误餐补贴
劣势：按照周边物价水平，14元餐补仅能满足员工单一餐的基本需求，对住宿舍员工、外地员工造成较大影响，员工福利感较差。另外，餐补通过工资发放，可能额外增加员工工资扣税成本

图 3-6 思维导图模式

当正式汇报方案时，可以在大纲模式下将文档内容导出为 Word 格式（见图 3–7），在 Word 上进行内容编辑、美化。

幕布的这项功能，恰好符合使用者们从信息收集、思路归纳及总结呈现的工作汇报过程，通过信息化方式，可以让使用者们的行政工作事半功倍。

食堂改革

- 目的：降低成本
- 方式：货币化补贴、食堂整体外包、公司补贴+个人支付费用
- 取消员工餐设置，货币化补贴：
  - 取消食堂供餐，将公司的伙食补贴（14元/人/天）以工资形式发放至员工个人，按照大厦职员工200人测算，每月需支出用餐补贴为200人×14元/人/天×30天=8.4万元
  - 综合用餐成本分析，人均用餐成本33元
  - 现状：按照每人每天14元标准发放餐补，成本对比
  - 未来：取消食堂供餐可节省成本x元（装修成本及费用、食堂设备投入），增收（占用车位面积、个数）x元，后续在纯办公单位推广实行
  - 优劣势对比：
    - 优势：固定成本支出，食堂基本运营成本比现有月均成本11.7万元下降28%。体现公平原则，全员享受同等福利补贴。减少司机误餐补贴和员工外出办事误餐补贴
    - 劣势：按照周边物价水平，14元餐补仅能满足员工单一餐的基本需求，对住宿舍员工、外地员工造成较大影响，员工福利感较差；另外，餐补通过工资发放，可能额外增加员工工资扣税成本

图 3–7　Word 模式

使用方法：

①登录幕布官方网站，可以在线编辑问题，也可以下载客户端使用。

②打开一份文档，在层级化页面编辑文档，使用 tab 键和 shift+tab 键对层级结构进行快捷操作。

③根据需要插入图片、符号等元素。

④根据文档应用场景，以脑图或是文档结构的方式导出，可以导出为图片或文档。

3.2.4　Everything——让文件无处藏身

应用场景：Everything 是一个很好用的电脑文件搜索工具。对于行政工作人员来说，日常需要处理大量的文件，快速、高效地查找到所需要的文件就显得非常重要。这其中的要点，在于你对于文件名称的正确、科学的命名，笔者个人的习惯是对文件命名采取“标签化思维”，也就是在文件命名时采用尽量多的关键词，比如“××公司 2021 年固定资产盘点清单 20211203”，这个标题的命名里面涉及了几个钥匙，比如公司名称、年份、事项（固定资产盘点）及日期，后续搜索任何一个标签都可以快速定位文件并进行处理，因此，行政工作的关键在于日常，把日常点滴做好，对于后续的工作效率提升会有极大的帮助。

3.2.5　腾讯问卷——数据收集好帮手

应用场景：在工作中，行政人员经常需要做好数据的收集及统计工作，比如有一次笔者需要在短时间内收集整个公司几百个员工过去的行程信息，如何在短时间内将统计表格发放到公司全体员工，填写后再统计收集。如果按照传统的 Excel 的方式，将会耗费大量的时间和精力。后来经过思考，笔者采用了互联网问卷（腾讯问卷）的方式，在后台将问卷信息设置后，问卷系统可以实时统计问卷填写情况、比例等信息，方便快速地确定哪些人员还未填写问卷，并可将问卷以多种方式导出，十分方便。

使用方式：

①登录腾讯问卷网站或是手机客户端。

②根据问卷需要，使用系统提供的模块进行可视化编辑。

③保存问卷，将问卷发送至微信群或是其他途径收集问卷信息。

④后台查看结果并导出结果。

3.2.6　博阳好易档案管理系统——电子化档案管理

档案电子化工作，可以有效地提高档案管理和借阅的效率，大量的企业历史档案，可以通过转存为电子档案的方式，对档案实现永久、无害化保存。博阳好易档案管理系统，可以实现对档案的档案层级管理，并实现在线借阅、查询及后台管理。

3.2.7 天眼查——企业工商管理工具

应用场景：天眼查是一款商业查询平台，在基于独有核心技术数据库的基础上，构建了完备的集数据采集、数据清洗、数据聚合、数据建模、数据产品化为一体的大数据解决方案。提供免费和付费两种服务方式，免费注册用户可以对企业的工商公开信息、最终实际控制人、近期主要的工商变更情况进行查询，付费 VIP 用户可以使用更多的查询功能，如交叉查询、股权穿透等，对于企业的日常经营、规避企业经营过程中的风险具有很大的帮助。

使用方式：

①登录天眼查官方网站或是手机 App。

②通过公司名字、企业法人姓名等方式查询对应企业信息和工商变更资料。

③根据需要开通付费版本，查询更多信息。

3.2.8 金蝶 EAS 系统——固定资产管理好帮手

应用场景：固定资产管理是每个企业行政人员的重头戏，固定资产虽然金额可能不高，但是涉及面广，如何管得细、管得好，可以很好地体现出企业的行政管理水平及能力。金蝶 EAS 系统是一个高效的管理系统，可以对固定资产的编号、类别、原值、净值等进行自动化管理，并通过开放接口的形式，实现对固定资产标签的生成、打印及有效管理（见图 3-8）。

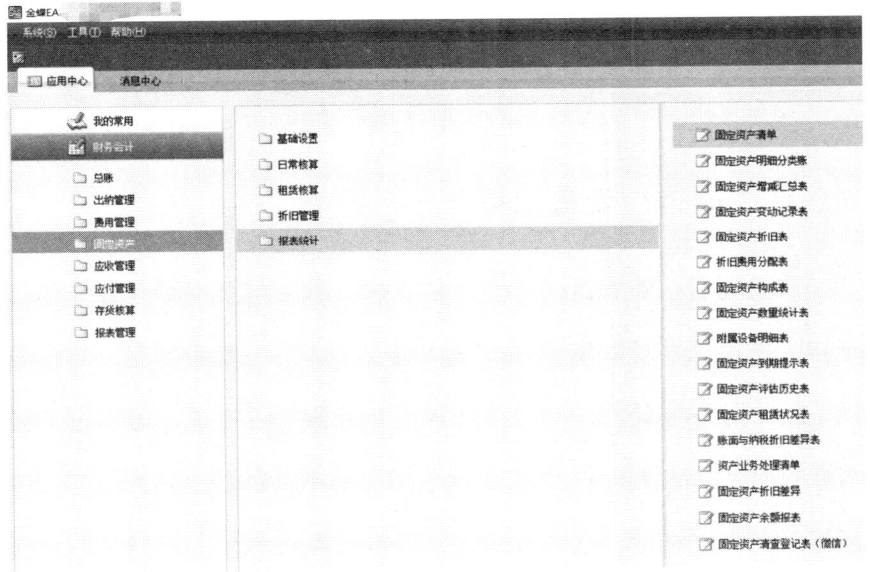

图 3-8　金蝶 EAS 系统

3.2.9　简单图片编辑——美图秀秀

应用场景：美图秀秀是一款十分高效、便捷的图片处理软件，也是一款“傻瓜版”的 Photoshop，对于图片的简单处理、文字的添加、颜色的调整都非常简单，包括抠图、修图及拼图，行政人员一般不具备图片处理的能力，但是有了这款软件，行政人员的图片处理再也不用求人了。

使用方法：

①登录网站，在线使用或是下载客户端。

②根据需要编辑图片，建议开通付费版，有很多便捷的功能，如万物抠图、亮度调节等。

③多使用，多实操，提高使用效率和经验。

3.2.10 微信公众号编辑器——秀米

应用场景：随着微信公众号的兴起，越来越多的综合办公部门承担了微信公众号的编辑和发布功能。秀米是一款便捷高效的在线微信公众号图文处理工具，操作界面非常友好、简单，也提供了很多样式丰富的插件及小工具，让微信的图文不再单调，显得更加丰富。通过后台绑定微信公众号和秀米，可以实现从秀米工具到微信公众号的一键同步。

使用方法：

①登录网站，在线编辑。

②打开公众号后台，根据秀米提示做好微信公众号后台和秀米平台的绑定（使用绑定功能可以把元素一键同步到公众号的草稿箱）。

③在秀米的后台对微信图文进行编辑，可以把常用的功能保存在收藏夹。

④将编辑好的图文同步至微信公众号后台，在公众号后台进行微调，预览无误后，发布。

3.2.11　图片素材资源库——觅知网

应用场景：觅知网是一个资源丰富的图片下载网站，包括 PPT 资源、图片、图标以及各种图片资料以及字体，可以购买终身会员实现资料的永久下载。

使用方式举例：需要在公司某场对外商务接待活动中设计一张欢迎海报，没有源文件，只有一张 jpg 的格式图片，如何重新设计一张图片呢？

具体步骤有 3 步。

①打开求字体网站（见图 3-9），通过截图，确定原来的图片使用的是何种字体？

②登录觅知网查找相关字体，下载后到电脑安装字体。

③使用字体重新进行图片设计。

作为一名行政管理人员，需要掌握简单的图片设计工具和技巧。因为在日常工作中会经常使用，如欢迎海报等，掌握简单的技巧，就可以免去寻求他人设计的麻烦。但需要注意的是，如果海报用于商业用途，务必购买正版字体版权，以免侵权。

图 3-9　字体网站

3.2.12　活动报名小技巧——微信群接龙工具

应用场景：行政管理人员经常会需要使用信息收集和统计功能，微信是目前最常用的通信工具，使用微信群接龙工具可以方便做统计（见图 3-10）。

使用方式：

①打开自己的【微信】。

②点下【通信录】。

③选择【群聊】。

④点开一个要做接龙的群聊。

⑤点开输入框。

⑥输入接龙代码，输入“接龙”，切换至下一行输入数字代码，系统会自动识别，并在对话框提示“你可能要收集信息”，点上方的“进入接龙表格”。

⑦在接龙表格内编辑有关信息、通知内容等。

⑧按【发送】就完成了群接龙的推送。

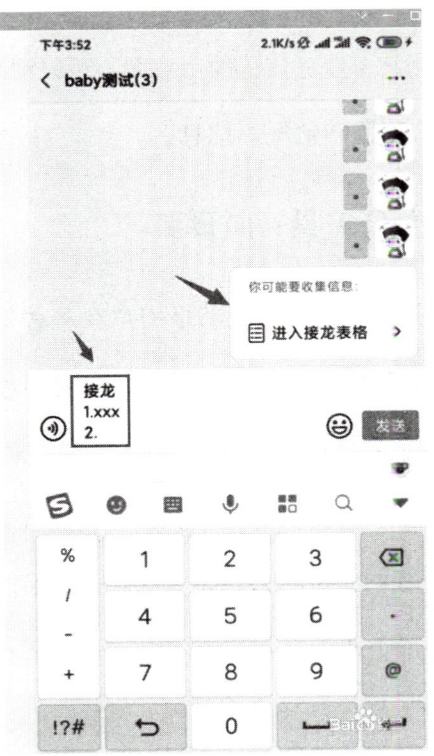

图 3-10　微信群接龙

3.2.13 Visio：流程图制作好帮手

应用场景：Visio 一般指 Microsoft Office Visio。Office Visio 是 Office 软件系列中负责绘制流程图和示意图的软件，是一款便于 IT 和商务人员就复杂信息、系统和流程进行可视化处理、分析和交流的软件。

行政人员使用 Visio 主要有以下两种应用场景：

场景一：绘制企业的组织架构图；

场景二：绘制某个业务流程的示意图，可以清晰地展现不同的判断条件、跨部门流程流转情况等信息。

3.2.14 远程办公工具：向日葵

应用场景：向日葵软件可以满足用户在多种场景下的远程控制需求，实现更加自由的远程办公。只需要在公司和家里的电脑同时安装向日款软件终端，就可以实现多台终端之间的远程桌面控制（远程操作公司电脑修图 / 剪视频 / 写代码）、远程获取文件（实时获取公司或家里电脑的文件）及移动办公（支持手机端控制适配 iPad 横屏界面），适用于企业人员在不同场景下远程操作电脑，实现高效办公。

以笔者为例，由于经常需要在家和公司办公，所以需要使用文件在不同电脑的传输，有时候难免会出现忘记拷贝文件的情况，向日葵软件很好地满足了笔者这个需求，需要提醒的就是，有些公司禁止在公司使用远程控制软件，所以在使用前最好了解清楚企业的信息管理规定，不要违反公司的有关规定。

使用方法：

①在需要远程控制的电脑，安装向日葵软件，一般需要两台电脑，一台被控制端的安装；另一台控制端的安装。

②根据软件提示注册账号和密码，输入被控制端电脑的代码和密码，就可以实现远程操控。

③免费版的速率被限制，画面比较模糊，如果是简单的使用场景，可以使用，如果需要用高清版本的，建议开通付费版本。

3.2.15　语音 AI 识别工具：讯飞

应用场景：讯飞是一家专注于人工语音识别的大数据公司，其产品应用场景丰富，笔者自己长期使用的就是讯飞语音输入法，这是一款安装在手机上的输入法软件，普通话识别准确度非常高，在微信沟通、会议记录及需要文字输入时，免去手机文字输入的烦琐，可以大大提高工作效率。

“讯飞听见”是一个付费的语音转文字的平台，笔者在当文字秘书时，有一项重要的工作内容就是整理领导的讲话，如果打字录入需要一字一字地从录音转成文字，费时费力。用了讯飞听见，就可以直接把讲话录音通过电脑识别转录为文字，再进行人工核对、校稿，效率得到很大的提升。

第 4 章 >>>>>>

企业行政公文写作思路与案例

4.1　写作能力对行政人员的重要性

行政管理人员的日常工作非常繁杂和琐碎，工作业绩也难以直接体现，所以善于总结和提炼自己的工作亮点和业绩，在与领导沟通接触的过程中体现自己的工作价值，就显得尤为重要。由图 4–1 可知，行政写作对于行政管理人员有两层重要的意义。

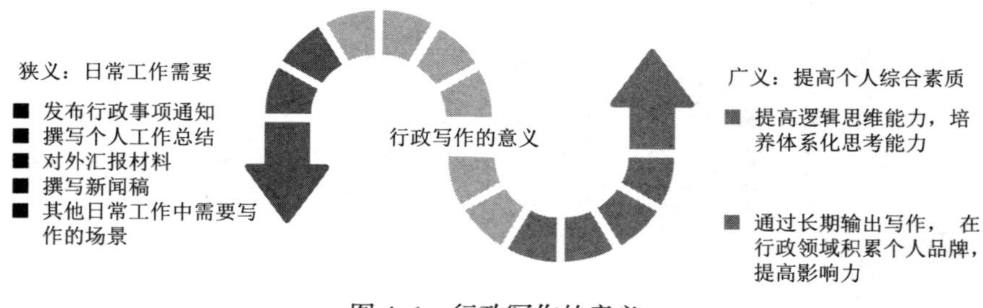

图 4–1　行政写作的意义

第一层，从狭义的角度讲，是为了满足日常工作需要。

写作能力经常需要涉及以下事项：

- 发布行政事项通知；
- 撰写个人工作总结；
- 对外汇报材料；
- 撰写新闻稿；
- 其他日常工作中需要写作的场景。

第二层，从广义的角度讲，是为了提高个人综合素质。

主要从以下两个方面提高：

- 提高逻辑思维能力，培养体系化思考能力；
- 通过长期输出写作，在行政领域积累个人品牌，提高影响力。

4.2　行政公文写作的两种基本思路

写作其实是逻辑思维的一种书面化的表达，一般的逻辑思维习惯有两种：一种是归纳；另一种是演绎。

归纳：从个别到一般，从个性中归纳出共性，是“总结”的过程。比如，观察到了麻雀会飞，又观察到了鸽子会飞，从而总结出“鸟类会飞”的结论。

演绎：从一般到个别，从已知模型推出新模型。如果前提是正确的，那么结论一定正确，见图 4–2。

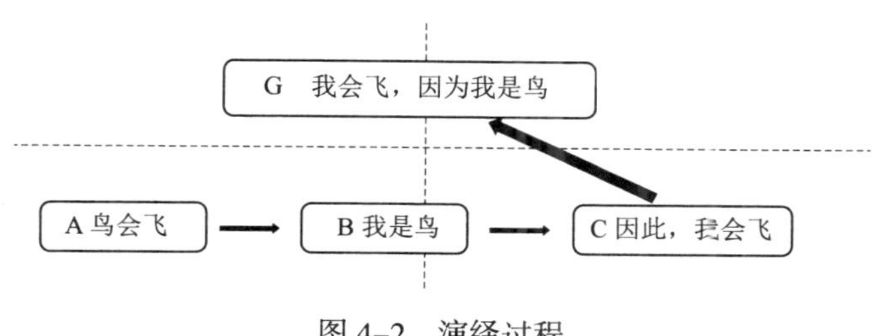

图 4–2　演绎过程

行政公文写作的两种基本思路，见图 4–3。

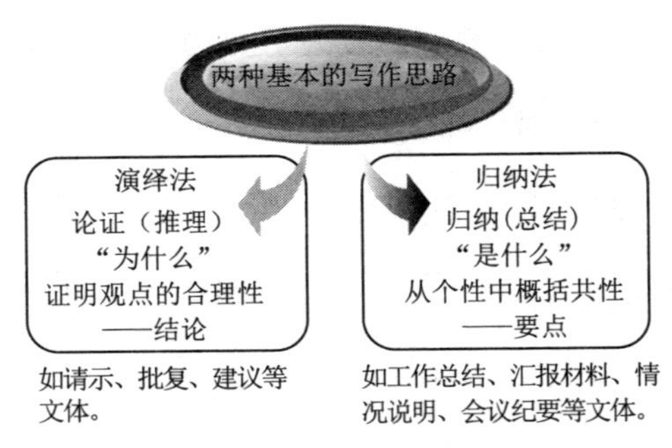

图 4–3　行政公文写作的两种基本思路

（1）归纳法

从个别到一般，从个性中归纳出共性，是“总结”的过程，文章的核心“是什么”，从个性中归纳总结出个性，常见的如部门的工作总结、公司的公司总结、某次会议的会议纪要。

（2）演绎法

从一般到个别，从已知模型推出新模型，如果前提是正确的，那么结论一定正确。是要说明“为什么”，通过层层递进的逻辑推进关系，说明文章的主要观点，文章的核心是“为什么”。

4.3　行政公文的应用场景

行政公文，顾名思义就是在企业行政管理工作中使用的公务文书，主要可以区分为对内、对外两种使用场景，见表 4–1。

表 4–1　行政公文的使用场景

分类	文体	举　例
企业内部行政公文	1. 通知	关于成立 ×× 公司 ×× 检查监督工作小组的通知 关于集团总部单笔金额 5 000 元以内办公及生活用具申购有关事项的通知
	2. 请示	关于翻新改造员工宿舍的请示 关于调整集团公务车驾驶员考勤管理的请示
	3. 批复	关于 ×× 项目 ×× 合同的批复
	4. 工作总结	月度工作总结报告 年度工作总结报告
	5. 会议纪要	×× 项目进度沟通会会议纪要 总经理办公会会议纪要
	6. 情况汇报	关于职员工伙食费标准的调查报告及建议 关于集团保险业务现状的情况说明
	7. 公文拟办意见	对签订 ×× 合同，××、××、×× 中心提出如下意见： ×× 中心：情况说明。鉴于上述情况，为了工程顺利推进，拟同意项目公司签订此合同。 ×× 中心：无意见。 ×× 中心： 拟办意见：×× 中心提的问题，已 ××；×× 中心提的问题，已 ××；×× 中心提的问题，已 ××。鉴于上述情况，为 ××，拟采纳 ×× 中心意见，同意 ×× 合同签订。 呈 ×× 审示。
企业对外行政公文	8. 公函	关于给予通关便利的函 拜访函
	9. 报告	关于 ×× 项目经营情况的汇报
	10. 新闻稿	同心守护：×× 公司为抗疫一线员工购买专项保险
	11. 报告材料（公司及个人）	全省质量标杆企业先进质量文化推广宣传
	12. 简介材料	×× 同志情况及所在企业情况 ×× 公司简介
	13. 发言稿	对外商务交流活动发言稿

4.4 主要行政公文的写作思路与案例

企业常用的行政公文有 13 种。

4.4.1 通知

通知是行政公文中使用范围最广、使用频率最高的文件。在公文使用中，通知作为公司意见的权威发布，对下属成员单位有指导作用。通知具有以下几个特点，见图 4–4。

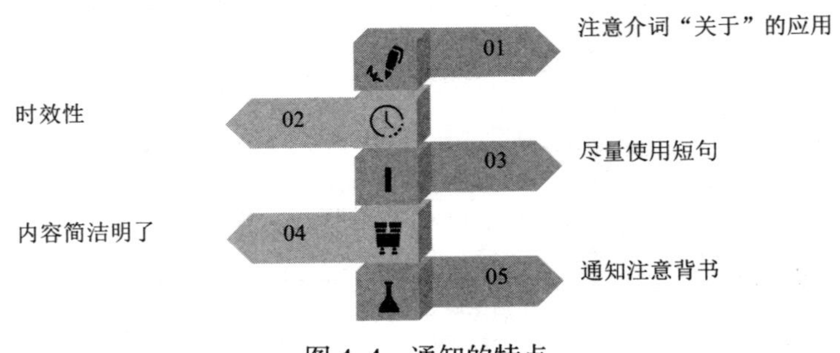

图 4–4 通知的特点

写作思路

①通知的标题要注意介词“关于”的运用，例如“关于国庆节放假的通知”。

②具有较强的时效性，通知往往在发布后，就要求被通知者在规定时间内及时了解或办理某事。

③语言要注意尽量使用短句，不要用过长的句式，以免造成理解困难。

④内容要简洁明了，直接陈述。内容较多或复杂的，可以分条或以小标题的形式加以说明，便于理解和执行。

⑤通知要注意做适当的背书，如果某一事项是公司领导的指示，那么在第一段可以提及“经公司集团领导’，增加通知事项的权威性。

范例

关于成立材料验收管理检查监督工作小组的通知

各中心、各成员单位：

为进一步规范集团各成员单位材料验收的过程管理，重点做好材料验收和实际施工材料用量核实等重要环节的有关工作，根据集团董事会要求，集团决定由××同志任组长，成立集团材料验收监督检查小组，对材料验收和实际施工材料用量核实有关工作进行检查监督，现将有关工作事项通知如下。

一、在本通知颁发之日起，定期或不定期对集团公司各下属单位项目采购材料验收情况进行随机抽查和重点检查；对实际施工用量情况等过程进行监督检查。检查的重点是核查对进场（入库）材料验收的符合性，出库材料与实际施工用量的合规性。

二、检查中发现的问题，由检查组组长直接汇报集团董事会，由集团董事会决定对相关人员的处罚并将结果予以公布。

三、检查组要根据集团董事会的要求和集团相关制度做好检查工作；被检查的单位、项目部要积极主动配合检查小组的工作，不得以任何理由拒绝配合检查。

特此通知。

××公司

××××年×月×日

4.4.2 请示

请示是下级单位向上级单位请求指示、批准、审核或答复相关事宜的上行类公文。写作时主要注意以下几点（见图4–5）。

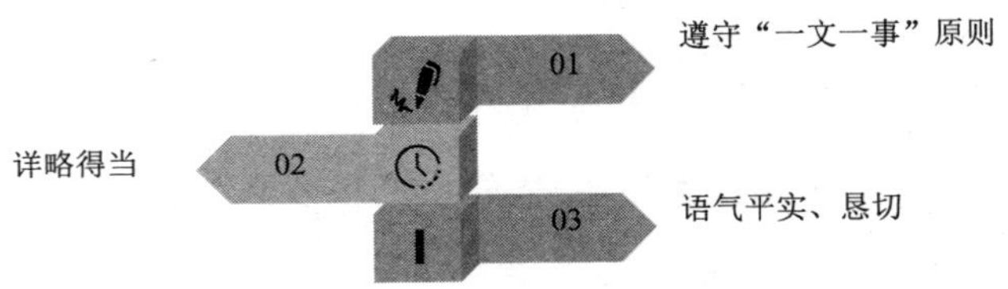

图4–5 请示写作注意事项

写作思路

①要遵守“一文一事”原则，主旨鲜明集中。

②要注意详略得当，背景和说明应简写，要请示的内容和事项应详写。

③语气平实、恳切，既不能语言生硬，也不必低声下气，过于客套。

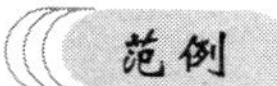

关于翻新改造员工宿舍的请示

公司领导：

（阐述背景）近期，行政部对位于 ×× 小区的员工宿舍进行了实地检查，主要存在以下问题：一是装修老旧，存在安全隐患；二是配套的家具及电器年久失修，故障频发；三是历史杂物堆积，私拉乱接现象突出；四是宿舍空间没有充分利用，存在增加床位的余地。

（说明请示的主要内容）

考虑到人才是公司的第一要素和核心竞争力，为更好地提升员工宿舍的文明形象和满意度，建议对员工宿舍进行翻新改造，现就有关问题请示如下。

（具体说明请示的内容）

一、说明改造的面积、工程等基本情况。

二、说明改造的时间计划及安排。

三、说明改造的费用预算和实施单位。

专此请示。

请示单位

请示时间

4.4.3 批复

批复是上级单位答复下级单位的一种下行文，具有权威性、针对性、明确性和被动性（先有请示而后有答复）的特点。

一般包括批准工作的批复、答复问题的批复和帮助解决问题的批复。在集团总部的批复公文中，最常见的就是批准工作和答复问题的批复。

写作思路

在撰写批复文时要注意以下几点。

①表述要严密、准确、具体，不可代指或省略，比如对某制度文件有修改意见时，在批复文要明确说明“第几大点第几小点”。

②批复的意见要十分明确，或同意或不同意，不可模棱两可。

- 对于同意的事项通常应补充一些简短而必要的要求性语句，如“完成后报告集团公司”。
- 对于不同意的事项，需用恳切的词语，简要讲明道理。
- 对于部分同意、部分不同意的事项，更要注意明确具体地讲清楚同意事项和不同意事项，并分别讲清楚原因，提出相应要求，同时还应把需要修改、补充、调整、说明的内容讲清楚。

范例一

关于 ×× 项目 ×× 合同的批复

×× 公司：

你司关于 ×× 项目 ×× 合同的请示（文号）收悉。经研究，同意按照你司某日上报的修改版本签订该合同。

特此批复

××公司

××××年×月×日

范例二

关于购买保险的批复

××公司：

你司关于上报购买保险的请示（文号）收悉。经公司研究，批复如下：

一、同意对经常上路作业的一线工作人员购买团体意外险，保额为 100 万元 / 人 / 年。具体方案由保险工作小组参考集团公司保险方案进行优化，对保险费率进行综合询价后择优购买。

二、不同意对公司全体员工购买雇主责任险。

特此批复

××公司

××××年×月×日

4.4.4　工作总结

在行政工作中，经常需要定期撰写工作总结，可能是月度、季度、半年度和年度工作总结。从基本的工作流程来看，主要分成三个阶段，见图 4-6。

写作思路

工作总结三个阶段

收集其他同事的工作项目	加工提炼	呈报方式

图 4-6　工作总结的三个阶段

①收集其他同事的工作项目

最好有统一的模板，并在通知中明确时间要求。如果有数据统计，要明确截止统计的具体日期。

范例

年度工作总结通知

各位同事好！

为做好年终工作总结，请大家归纳整理 2022 年底个人工作完成情况（数据截至 12 月 20 日），并于 25 日（周六）前发送给笔者汇总。具体要求如下：

一、以 Word 文字总结形式提交，要求有数据、有成果、有亮点（便于总结部门的年度总结），避免简单的数据罗列；

二、建议内容包括：工作成果、存在问题及建议、2023 年工作计划。

如有任何问题，请随时沟通。收到请回复。谢谢！

②加工提炼

在收到各位同事的工作反馈后，需要集中精神、对各位小伙伴提交的工作内容进行梳理和总结。这里要特别注意一个“视角”的问题。在工作总结中要善于抓大放小，也就是很多个人总结事无巨细，生怕领导不知道自己做了什么，连自己参加了什么培训都要一一罗列，但是站在领导的角度，这些都不重要。所以你要站在整个部门或是公司的角度去考虑哪些工作需要总结，哪些工作可以忽略。

③呈报方式

根据工作总结的要求，如果是会议，一般需要制作成 PPT，如果不用会议，那么用 Word 格式整理规范即可。这里并没有特别的要求，根据自己公司的实际情况，一般月度总结都是类似的，可以在上个月版本基础上进行修改，提高工作效率。

撰写工作总结的注意事项，见图 4–7。

图 4–7　工作总结的注意事项

第一，换位思考。换位思考很重要。作为工作总结的统稿人，要学会站在领导的角度去思考整个的重点工作，做好取舍并按照重要性排序，这是最重要的。

第二，细心。做工作中的细心人。工作总结，不仅仅是等到月末收集时再来思考，而是要在整个月的工作中，留意领导的对话、同事的交流，看有哪些重点工作是需要汇报的，做好记录，并在月末工作总结时有针对性地进行补充。

第三，总结全面。工作总结要尽量全面。一般工作总结收集的对象都是同事，领导不会给你工作总结，而往往领导层面有一些重点工作你是没有具体参与的，所以需要在收集工作总结时多问一句和领导多一句交流。

工作总结框架

对一份工作总结来说，一般需要包括以下部分：

①本月工作亮点：最重要，也是公司领导最为关注的点，作为公司日常运作，你盖了几个公章、投保了多少份保险这些都是基础的工作，领导关注的是交代的重点工作是否完成、有什么问题，这些都要开门见山地在工作报告中体现出来；

②日常工作：关键事项、关键数据；

③存在问题和改进计划；

④下个月工作计划：简单扼要，但要记住相对全面；

⑤结束语或祝福：一般应用在年度工作总结、部门述职会议上的材料，作为对全年工作的总结、对有关部门的感谢和对未来的期望。

4.4.5　会议记录

一般召开会议需要撰写会议纪要，一方面是为了方便后期查阅，另一方面也是为了会议的精神、决议能够及时、准确地在公司范围内传达。但是在实际工作中，很多人容易将会议纪要和会议记录相混淆。会议记录是会议纪要的基础，会议纪要是会议记录的“升级版”。作为职场人士，我们要在熟悉做会议记录的基础上，逐渐提升自己撰写会议纪要的能力。

写作思路

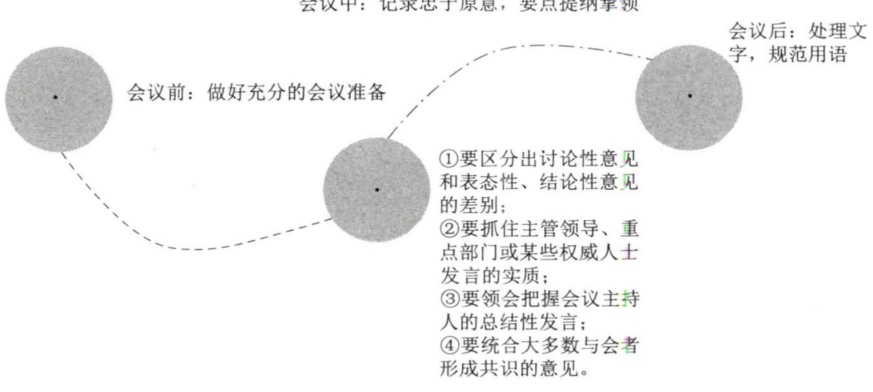

图 4–8　会议记录的注意事项

（1）会议前：做好充分的会议准备

磨刀不误砍柴工。会前要尽一切可能阅读会议的相关材料，了解会议的相关术语，比如会议是关于设计装饰的，那么对于平面图、施工领域的专业术语就要心中有数；同时，提前了解与会人员，以便于在会前掌握参会人员的分量，这点在会议时对抓住要点有很大帮助。

（2）会议中：记录忠于原意，要点提纲挈领

做会议记录，原则就是要忠于发言者的原意，特别是把握其发言的口吻，是“要求”，还是“应当”，不同的口吻传达出来的信息千差万别，在做记录的基础上，关键要点是要掌握要点，而不是像录音机一般把所有发言者的发言内容一字不差地记录下来，注意以下四个重点：

①要区分出讨论性意见和表态性、结论性意见的差别；

②要抓住主管领导、重点部门或某些权威人士发言的实质；

③要领会把握会议主持人的总结性发言；

④要统合大多数与会者形成共识的意见。

抓住这四个重点，会议纪要就基本上可以反映会议的主要决议了。

（3）会议后：处理文字，规范用语

一方面，要进行文字的处理，一是要去除语气词或是口语化的词语；二是要把发言者对于同一主题的发言归整到一起，并提炼关键性的观点。

另一方面，要善于用会议纪要的语言，比如“会议听取了”“会议认为”“会议指出”“会议要求”“会议强调”“会议议定”“会议原则同意”等，这些词语可以极大地提升整份会议纪要的规范性。

总之，会议纪要的关键在于让会议的主要决议可传达、可执行，让阅读的人一目了然。会议纪要绝不仅是单纯的会议记录，如何做好会议纪要，需要不断练习，不断总结。

范例

××公司××××年度第一季度经营分析会议纪要

××××年×月×日至某日，某某公司在×会议室召开集团各主要业务板块×年第一季度经营分析会议。公司××董事长出席会议（一般指出席本次会议的最高领导），××总经理主持会议，集团公司各部门负责人、各业务板块负责人及各区域（分公司负责人）和其他有关人员参加会议。会议听取了各业务板块关于今年第一季度经营任务的完成情况、重点项目和重点工作的推进情况，以及当前面临的问题和下一步工作计划等方面的汇报，分别就各主要业务板块下一阶段的工作提出要求。纪要如下。

目前××项目建设进度进展缓慢，××公司应高度重视，抓紧推进，以免影响工程进度及工程进度款的申请。

随着××项目建设的加快推进和陆续完工，××公司要重视工程收尾工作，要做好富余人员的安置和分流工作，要做好物资的妥善保管和转移工作。

省略。

参加会议人员：

董事会：

集团公司：

某某公司（板块公司）：

会议记录：

签发人：

4.4.6 文件拟办意见综合

拟办意见是在公文处理过程中，一般由行政管理部门负责人草拟的公文办理初步意见，主要包括“由哪位领导审批、哪个部门承办及承办过程中可能涉及事项的初步处理意见和建议”，一般由“建议内容＋呈领导批示的结语”两部分构成。

比如，下级单位报送的一份关于签订××合同的请示，在公文流转的过程中，各相关单位已经分别在审批流程中回复了意见和建议，在最后承给公司最高决策者如总经理时，就需要由行政管理部门负责拟办公文意见的员工，对大家提出的意见和建议进行综合。

范例

××中心提的问题，已××；××中心提的问题，已××；××中心提的问题，已××。鉴于上述情况，为××，拟采纳××中心意见，同意××合同签订。

呈××审示。

4.4.7　公函

公函一般是指企业在日常经营中，对外商务往来，或是对政府相关部门的函件。主要用途包括情况说明、拜访函、邀请函等，在商务来往中，公函的格式规范和内容的严谨，是接收公函的单位对企业的第一印象，所以非常重要，从格式排版、内容编辑、纸张选择各方面都要仔细加以考虑。

范例

拜访函

××公司：

（开门见山自笔者介绍）××集团是集地产开发、建筑施工及产业园区综合运营为一体的大型综合投资集团，截至××××年×月，企业总资产达××亿元，先后被评定为中国500强企业，××省优秀民营企业等。

久悉贵集团强大实力，为学习取经，寻求合作，××集团拟于

近期由 ××× 先生带队前往贵集团拜访学习，祈请接待为盼。

联系人：××　电话：×××××××

××××年×月××日

4.4.8 报告

企业报告分为对内报告和对外报告，一般以对内报告居多，即针对某一事项、某一项目的具体工作，经过具体开展相关工作后，对该事项的总结汇报材料，一般要求有数据、有调查情况支持及有结论观点。

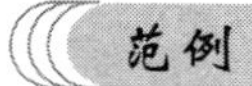

关于调整食堂伙食费的调查报告

总经理：

为进一步了解集团范围员工伙食费现状，提高公司员工伙食质量，根据公司领导指示，行政部于近期组织针对全集团范围的员工伙食费调查，经过各片区单位伙食费的上报，并经过综合分析，现就集团员工伙食费现状调查报告如下：

一、数据展示；

二、调查主要结论观点及相关论据；

三、对集团员工伙食费的意见及建议。

特此报告

4.4.9 企业新闻稿

一般来说，会议类新闻稿是相对正式的新闻稿件，关键在于把会议的主要议程及领导人的讲话要点传递出去。整体来说还是有一定的基本方法的，见图 4–9。

写作思路

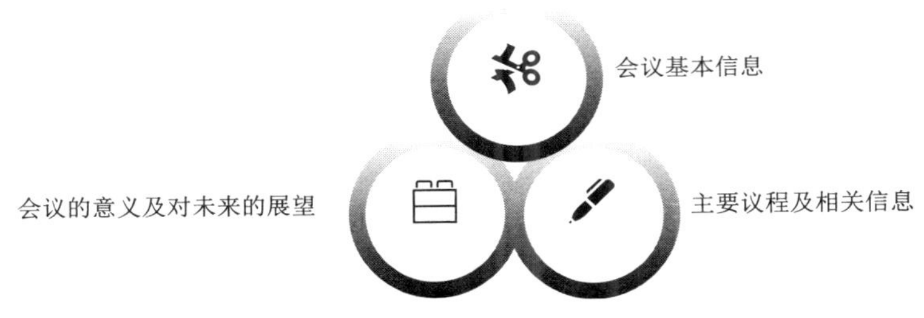

图 4–9　企业新闻稿的基本方法

一是明确交代会议的基本信息，比如，时间、地点、会议主题、主要领导人、参会规模、会议形式。

二是交代会议的主要议程及相关信息，比如，会议由某人主持，今天会议的主要议程包括哪几个流程，如果会议议程相对简单，则这部分可以略去，直接进入第三部分“传达会议领导人的主要观点”。

有一些套路化的表达方式：比如，某某指出、某某强调、某某号召、某某表示，这些可以提高新闻稿的专业性。

三是强调本次会议的意义及对未来的展望，要根据不同公司的文化风格而定。有些公司较为低调，那么在意义这里就不要写得太过于夸张，有些公司比较高调，甚至提出“领衔城市发展”这样的口号，具体要根据不同的企业而定。

会议类新闻稿范例

×月×日，××集团在××地点隆重召开××年集团工作会议，集团董事会主席××、董事长××及××在主席台就座，集团全体高管、中层干部及业务骨干近×百人在主会场参加会议。集团公司、各成员单位主管级及以上超过××名职员以视频会议的方式参加了大会。

会上，集团总经理××宣读了集团公司2021年度工作报告，全面总结了××集团2021年度各项工作完成情况，深入剖析了当前集团发展存在的问题。

××董事长就集团2022年度管控及经营管理目标做了重要指示，全面部署了集团2022年各项工作任务并对各业务板块提出了具体的工作要求。

××主席对××各方面的工作发表了重要讲话，××充分肯定了×××董事长带领的经营班子过去一年在管理优化、业务拓展等方面取得的成效，针对当前集团存在的问题对全体员工提出了新的希望和要求，希望新的一年全体××人放下包袱、轻装上阵、同心同德、勇往直前，共同托起某某集团更加美好的明天。

新的一年，某某集团将以本次会议为新的起点，贯彻落实×××及×××董事长的讲话精神，确保年度工作目标任务落实到位、取得实效，以更大的努力、更有效的措施推动集团各项工作再上新的台阶。

4.4.10　对外申报材料

作为公司对外交流的接口部门，行政管理部门会经常收到各类政府机构、行业协会、社团组织发来的申报文件填报要求，大致可以分两大类，见图 4–10。

组织类
以公司名义报送的申请材料，如省市大型骨干企业申报材料、诚信企业申报材料、申报某某奖项等

个人类
以公司员工个人身份申报的材料，如市优秀工会工作者、优秀党务工作者、公司领导个人情况介绍等

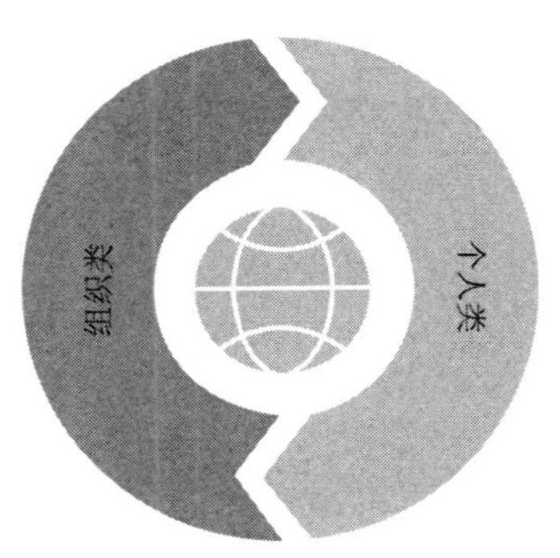

图 4–10　对外申报材料分类

一类是组织类：以公司名义报送的申请材料，如省市大型骨干企业申报材料、诚信企业申报材料、申报某某奖项等；

另一类是个人类：以公司员工个人身份申报的材料，如市优秀工会工作者、优秀党务工作者、公司领导个人情况介绍等。

写作思路

思路一：重点突出，分点阐述。

申报材料属于对外材料的一种，需要重点介绍申报对象的基本情况，不需要很长的篇幅，但是需要重点突出阐明申报对象的基本情况，一般可以采用“总—分—总”的写作思路。

思路二：多案例、多数据，少赘述。

在具体介绍案例时，要多列举案例，通过数据展示、总结的方式展示所做工作的业绩，减少简单重复的描述和累赘。

范例

诚信企业申报材料

××企业坚持发扬诚信经营、重合同、守信用的优良传统，在社会各界建立了诚信守约的良好形象，以优质高效的经营赢得了社会各界的信赖。

一是加强内部诚信建设，弘扬诚信经营之风。（省略）

二是加强合同履约管理，打造诚信经营品牌。（省略）

通过持续抓好诚信建设，××公司取得了良好的经济效益和社会效益，多次获得某某荣誉。

4.4.11　简介材料

范例

工会个人先进事迹

某某同志自从事工会工作以来，能够坚持学习党的方针政策，刻苦钻研工会工作，不断总结工作经验，扎实开展基层工会工作，完成组织交给的各项工作任务。现将其事迹简要介绍如下：

一、热爱工会工作，熟悉工会业务，自觉学习政治理论和工会业务知识；

二、切实履行工会职责，急员工之所急，做职工的贴心人；

三、精心组织，积极开展各项工会活动。

通过平时的努力工作和身先士卒，某某奠定了良好的群众基础，受到了广大员工的一致好评，在平凡的岗位上做出了不平凡的业绩，成为联系职工和公司的桥梁和纽带。

4.4.12　发言稿

发言稿指在会议、座谈等面对面交流的场合，用于表达个人意见的相对正式的公文。一般而言，因为面谈的主题、范围很广，没有具体的写作建议，但是在座谈会发言的逻辑思路上，却有章可循，大致思路见图 4–11。

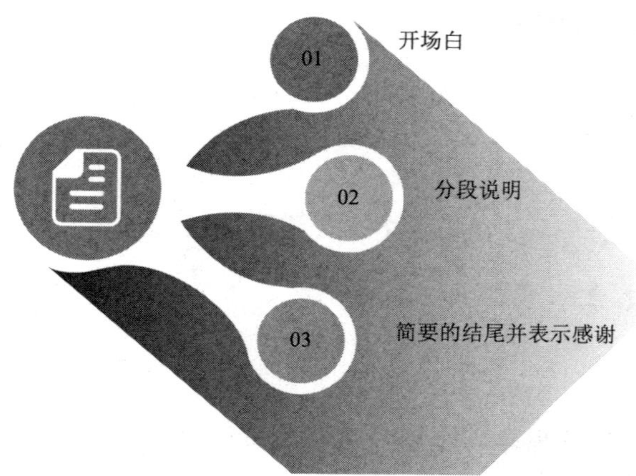

图 4–11　发言稿的大致思路

写作思路

首先，开场白：自我介绍 + 感谢。一句话简单自我介绍，同时感谢领导、组织者之类的套话，最后一句过渡到你想要表达的主要思路上。

其次，对于具体问题的具体看法。最好是分段说明，每一段有一个总结性的概括。关键在于要提出你的观点，有数据、有论据，并提升观点的可信度。

最后，简要结尾并表示感谢。

范例

尊敬的某某 + 职务、某某 + 职务，各位领导，企业家：

大家好！

我是某某公司 ××（职务）××，今天很高兴在这里与大家分享交流。感谢某某组织给这样的机会让我们与各位领导面对面表达企业的意见和建议。下面，我主要谈谈 ×× 公司今年的生产经营状况，以及对 ×× 主题的几点意见。

一、某某公司近年生产和经营状况。

二、对某某主题的一些意见。

一是（略去）。

二是（略去）。

三是（略去）。

以上是我对某某主题的一些意见和建议。请某某（领导）和各位领导指正，谢谢大家。

4.4.13　企业简介

企业简介是行政人员必备公文写作技能之一，在对外申报材料、商务交流等情况下均用到企业简介。一份清晰、翔实、重点突出的企业简介能让受众在第一时间了解公司的业务范围和核心竞争力。

企业简介写作一般可以分为三个阶段：资料收集阶段、内容撰写阶段、校对优化阶段。

1. 资料收集阶段

首先，要做好公司自身资料的收集。收集的过程尽量翔实、内容要尽量保持更新、数据较为详尽。

其次，要做好同行业、相同类型企业公司简介资料的收集工作。

从对标对象的官方网站、微信公众号、企业画册等渠道收集各个单位的企业简介基本信息。

总之，要通过资料的收集，明确企业简介的写作重点、定位及需要重点突出的内容，比如，如果是创业型公司，要重点说明创业团队的个人经历、创业理念及初衷；对于房地产或是服务型企业的简介，要重点突出企业的项目经历和服务经验。

2. 内容撰写阶段

（1）内容方面

这部分为企业简介资料的核心重点，主要包括几个方面的内容。

一是公司的发展历程。

包括公司成立时间、注册地址、创始人、经营范围、公司规模及所获得的资质，在写作的过程中主要注意涉及公司历年大事记，让读者对公司的发展过程和一步一个脚印的发展经历有整体的了解。

范例

龙光控股集团创立于1996年，总部位于中国深圳，集团紧跟国家发展战略，秉持“责任筑城 臻心建家”品牌理念，围绕“综合开发、智慧服务、生活消费”三大领域，打造“城市综合服务商”。集团位居中国500强企业排行榜第161位、《福布斯》全球上市公司1 000强第748位。

二是公司的主要业务范围。

主要介绍公司所经营的业务板块、提供的服务。如果是项目性质公司，需要重点突出公司的主要项目经历。

范例

2000 年以来，经过两次“再造华润”，华润奠定了目前的业务格局和经营规模，现已发展成为业务涵盖大消费、综合能源、城市建设运营、大健康、产业金融、科技及新兴产业 6 大领域，下设 25 个业务单元，两家直属机构，实体企业近 2 000 家，在职员工 37.1 万人，位列 2021 年《财富》世界五百强企业第 69 位。

三是公司的核心竞争优势。

就是公司最大的亮点和区别于同类型企业的主要竞争优势，比如，公司的地位、实力、技术优势等。

范例

以“让所有终端都能看懂世界”为使命，奥比中光坚持“3D 视觉传感器 + 自主底层核心技术 + 完整应用方案”的市场定位，致力于将 3D 视觉感知技术应用于“衣、食、住、行、工、娱、医”等领域；在智能手机、线下零售等市场已率先突破百万级出货量，在生物识别、消费电子、人工智能物联网、工业三维测量等市场实现多项商业应用，服务全球超过 1 000 家客户及众多开发者。

四是公司的荣誉奖项。

包括企业愿景、实力、企业精神、文化理念等方面，凸显公司的软实力。

范例

2021 年，龙湖集团入选《财富》世界 500 强企业，连续 9 年获“中国房地产开发企业综合实力 10 强”，连续 11 年获《福布斯》全球企业 2 000 强，荣获中国公益慈善领域的最高政府奖“中华慈善奖”。

五是公司的未来展望。

尽量与国家的相关政策、方向相结合，提升公司发展的站位及理论高度。

范例

目前，集团正在实施“十四五”发展战略，服务国家战略，以重塑华润战略为主题，突出高质量发展，强化创新引领，优化资源配置，培育和巩固核心产业，保持行业领先地位，为客户提供优质的产品和服务，持续提升股东价值，打造具有华润特色的国有资本投资公司，成为具有全球竞争力的世界一流企业。

（2）结构方面

在企业简介的撰写中，要多用短句。短句更有利于读者理解，尽量避免长篇累牍的长句。要多用数据展示企业的发展成果，使用阿拉伯数字让读者一目了然，如“下设 25 个业务单元，两家直属机构，实体企业近 2 000 家，在职员工 37.1 万人”。

3. 核对优化阶段

首先，企业简介初稿写好后，要尽量多次推敲，研究措辞用语，请领导及专人进行审核、提出修改意见。其次，要对企业简介保持定期更新，最好每半年保持一次更新，特别是财务方面的数据。最后，可以对不同的使用场景，对企业简介进行专门的调整，比如针对政府部门的企业简介，要重点突出合作工程、公益、党建等，对企业经营、商务拓展方面的简介，要突出企业的经营实力和项目经验。

4.5　行政公文写作注意事项与常用技巧

4.5.1　公文写作的基本流程

掌握公文写作的基本流程，对于初步接触行政公文写作的职场人士，会更加有针对性地提高公文写作的能力，其主要包括以下几个流程，见图 4–12。

图 4–12　公文写作的基本流程

1. 确定公文写作主题和目的

写作最终的目的是通过沟通，或达成某项共识，或传达某项指令。所以，公文写作的第一点，就是要确定本篇公文的写作目的和写作主题，也就是明确公文写作的出发点。

2. 确定行文的基本逻辑（行文方向、结构和形式）

首先，要明确行文的方向，是上行文、下行文、平行文的哪一类？行文方向决定了公文的措辞、用语等基本要素。

其次，需要注意确定公文写作的结构和形式，公文的结构包括公文的基本格式和组织结构。基本格式是指文体格式，比如仿宋、小三字体，组织结构也就是公文的主要要素，如开头、结尾、层次、过渡、照应、主次和详略等。

3. 收集材料

材料的收集整理是写好一篇公文的重要环节。俗话说“巧妇难为无米之炊”，没有材料佐证，再好的文章立意、再好的主题也会食之无味。在收集材料时要注意以下几个方面。

- 一手资料和二手资料相结合。
- 点面结合，依旧是材料要对文章的主题，既有针对性，又有全面性。
- 在时间范围上，既要有历史材料，又要有现实的材料，这样材料才会有全面性。
- 对材料的分类，既要有事实性材料（如人物、时间、时间、地点等），又要有理论材料（如各种理论、思想和论点）。

4. 审核和修改

“好文章是改出来的”，对于一篇已经初步完稿的文章，要不断地精进、修改，也要注意修改的方向。一是对材料和数据的审核和校对；二是对结构和逻辑的调整和确认，文章是否通顺，表达是否流畅，是否符合读者的阅读习惯等，这些都需要进一步研究；三是对文字和语气的揣摩，特别对于上行文和下行文，对于称呼、语气和用语的揣摩，需要不断地加深。

4.5.2　公文写作的常用技巧

公文写作时需应用好以下两个常用技巧。

1. 专业度

首先，要避免口语化，多用书面语，在文章中多使用常用的公文用语，提高公文的专业度。

其次，行政公文主要服务于企业的日常经营，区别于党政机关公文，在行政公文中要多使用相关行业的专业词汇和用语。

最后，行政人员本身要提高行政管理工作的专业度，文章始终是个人想法的体现，只有提高了自己的职业技能和专业度，才可以提高文章的专业性。

2. 明确性

行政公文是企业行政命令的一种传达，特别是在上级对下级的下行文应用中，意见的传达要明确，不要含糊不清，也不能模棱两可，下级单位在接收到文件后才可以明确地予以执行。

4.5.3 关于写好行政公文的一些建议

1. 恒心：多看、多写、多思考

对于职场新人的行政公文写作，要经历以下几个阶段：第一要多看，多看党政机关报纸，多看前辈撰写的公文文章；第二要多写，也就是临摹，要在模仿的基础上尝试自己写作，在写作中逐渐熟练并内化公文写作的技巧；第三要勤于思考、勤于总结，也就是要在思考的过程中不断总结自己的行政公文写作经验。

2. 用心：做有心人，看公文时多留意别人公文的亮点及不足

在行政工作中，要善于做个有心人。对于收到外部单位，特别是政府部门的行政公文，要留心观察对方公文写作好的地方及不足的地方。对于写作好的地方要记录、积累，作为自己的公文写作素材。

3. 耐心：文章在于改，隔一段再修改一次，就有不同的感觉

一定要有耐心，好的行政公文需要不断修改。对于行政公文，如果时间允许，要勤于修改，当天写作的文章，第二天再仔细研读一次，修改不通顺的语句。长此以往，你的公文写作能力和水平就会不断提高。